U0055161

# 50

## 從德國玩到摩洛哥！

天

施丹尼

著

# 推薦序
## 無味精旅遊料理

〜〜〜〜〜〜〜〜〜〜〜〜〜〜

### 梁栢堅
香港著名填詞人、作家

　　講旅遊，余乃「孲遊」。孲者，專去山旮旯無有雷公之地，南美伊朗已經好平常，玩到沒啥好玩，自闖埃塞俄比亞、巴基斯坦，只差一步入阿富汗（當年賓拉登未死、塔利班活躍時）。未買過旅遊保險，但全靠一本旅遊簿，就是那本叫《孤獨行星》的天書，裡面有地圖、旅店，資料齊全，宗教、文化、地理背景，盡在一書，足夠走天下矣。

　　好奇怪，走遍各地書店，旅遊書籍一欄，只有香港才有「閃光旅遊書」，即食盡、玩盡、打卡、掃貨、買手信攻略，如蒙古兵入中原一樣侵略如火，好乏味，真偽文青皆厭之〔但長佔十大銷量及圖書館借閱之冠，死未（很厲害吧！）〕。我常苦惱：為何這城沒有深度旅遊書籍？人家台

灣也能做到吧！好一個施丹利，看準此點，將浪遊歐陸、非洲之聞結集，有歷史文化建築再加個人經歷，烹出無味精旅遊料理，用料上乘，鏡頭通透，剪接亦佳，見字如身於彼方：於撒哈拉漫天星光下見三毛、德國、波蘭遺跡思考二戰人性、葡萄牙岸邊觀大西洋窺見大航海時代、布達佩斯懷緬奧匈帝國霸業，遊者之境界，首見自己，後見天地，終見眾生，此書乃觀照。

　　遊者之謙卑，皆因走遍各地，見山河壯麗，歷史洪流，再仰天望銀河，反觀自身，浩瀚宇宙中一顆星球，生如荼蘼，命如蜉蝣，竟有一秒自覺，不枉今世下凡。此書乃一道星門，請君入穹蒼一走，同看彼岸春秋。

# 苔花如米小，也學牡丹開

迪比派路
港台足球寫作人

聽講，AI遲早會取代地球上一半的人力，單是中國大陸，再過七年，產業會達到四千億人民幣，打工仔人人自危，連文字工作者也無法倖免，似乎不做香港人，只認做大灣區人，依然走投無路。

可是，AI再聰明，肯定取代不了創作、智慧、經歷和人生，不忘母語，別忘尋找。人生，不外乎一趟尋找之旅 有些人一輩子都不找不到什麼，甚至不敢踏出第一步，看來，他已找到了什麼。

老實說，作為八十後的迪比派路，曾經覺得此生無緣同九十後溝通到，總覺得「廢青」講就爆菊，做就龜縮，直至

遇上施丹尼，方知世界之大，講母語的高端後生仔比比皆是，低端的是無知的自己。

足球，讓我認識施丹尼，一個通識古今、文韜武略、筆鋒獨到、用情專一的九十後，實非池中物。只說不做，永遠是鏡花水月，千里之行，始於足下，見證他由籌備到歸來，敢相信旅程是不枉此行。

伍佰，出過詩集叫《我是街上的遊魂　而你是聞到我的人》，袒露一顆溫柔的心。熱愛搖滾的施丹尼，同樣心思縝密，否則寫不出像詩一樣美的遊記，教人扼腕嘆息、興奮動容、反思迴盪、大開眼界。

雲加，如果當初沒離開日本，就未必有機會去英超；就算有機會去英超，也不可能把相撲精神、健康飲食、律己以嚴等成功管理因素帶去阿仙奴。轉眼二十二年，大前提是再愁的城，我們也不該坐困愁城。

三毛，浪遊卡薩布蘭卡，文字超越時間的洗禮，留下三條以上腳毛，一沙一世界。施丹尼也是「三無」——無後台，無財力，無經驗，靠的就是勇氣和青春，由東歐到北非，深情寫到浩瀚，一字一世界。

或者，施丹尼同樣是「遊魂」——遊歷之魂，而你又是否為聞到他的人？最後，借用清代詩人袁枚的〈苔〉作結：「白日不到處，青春恰自來。苔花如米小，也學牡丹開。」衷心祝願，銷路勁過核爆！

# 推薦序
# 一手妙筆，令讀者恍如親歷

傑拉德

　　小弟在年輕時閱覽不少典籍，也走遍大江南北，遊歷台韓，最後情定寶島，腦海留下不少難忘回憶。如今經濟能力和閱歷皆比年輕時為佳，然而體力不如前，可用的時間減少，顧慮也比從前多。因此，我每逢工作以外的旅遊機會，都格外珍惜每分每秒，故希望對目的地的文化和風土人情有深刻體會。

　　誠然，現今旅遊資訊包羅萬有，有人在網絡上順手拈來，有人購買旅遊指南按圖索驥。小弟據聞香港公共圖書館借閱次數最多的書籍十居其九為旅遊書，乍聽起來令人驚訝，實質不足為奇。因為誠如本書作者施丹尼所言：香港生活逼人，大部分時間都被工作、照顧子女和不同瑣事所佔據。香港市面上的旅遊書，就是為照顧繁忙的香港人而

設：搜集一眾旅遊熱點，輔以簡短介紹、精美插圖、實用資訊，令大家能用短時間去編排行程，難怪這些書籍在港暢銷不衰，借用率高。然而，有不少年輕人或有品味之士，希望能親身到訪不同國家，深入當地文化和風土人情，遊記的需求開始增加。可是，環顧港台，既願一面做深度遊，一面寫作、攝影的人委實不多。

因此，小弟在拜讀施丹尼傳來的初稿後不久就愛不釋卷。這位年輕人身體力行，一手妙筆更令小弟恍如親歷其境，感受到聖費爾費明節的瘋狂、撒哈拉沙漠的浪漫和神祕。不僅如此，作者字裡行間流露對自己身份和對生活的反思，並能以自身經驗提供不少寶貴建議，例如報團和講價的要訣、旅程前、旅程中不可或缺的細節等。

小弟認為施丹尼這本著作文學及實際價值很高，集遊記和旅遊指南的優點於一身，故誠意向大家推薦。

# 目次

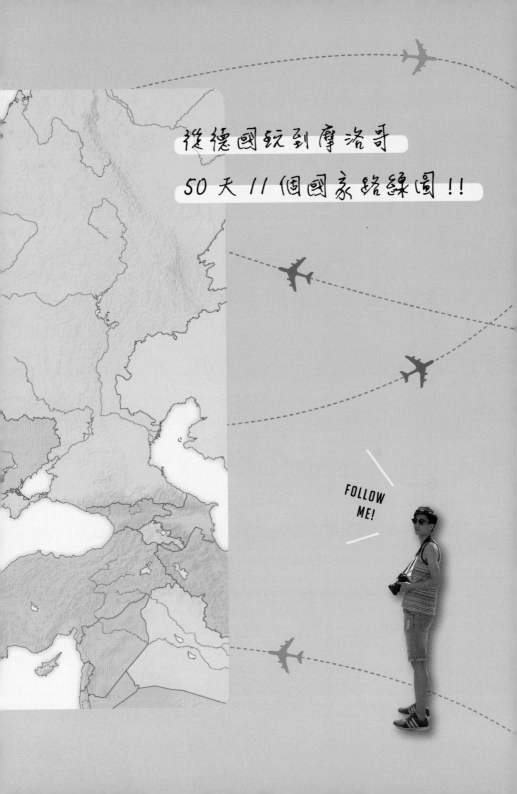

從德國玩到摩洛哥
50 天 11 個國家路線圖 !!

FOLLOW ME!

Chapter 1
# 旅程的
# 開展。

德國
Germany

波蘭
Poland

## 國家介紹

### 德國

位於中西歐交界，由16個邦組成，首都與最大城市為柏林。國土面積約35.7萬平方公里，從北部的北海與波羅的海延伸至南部的阿爾卑斯山。氣候溫和，季節分明。德國人口約8,180萬，為歐洲聯盟中人口最多的國家。

### 波蘭

位於中歐，北面瀕臨波羅的海，西面與德國接壤。面積約31萬平方公里，位居歐洲第十。由於位處西歐與東歐之間的地理位置，加上境內多數易攻難守的平原地形，導致歷史上連年的戰火紛爭，幾個世紀以來的版圖也一再變遷。

# 基本旅遊資訊 ────────────────

**簽證｜** 特區護照、BNO和台灣護照前往德國、波蘭均無須簽證。

**交通｜** 德國、波蘭公共交通發展完善。波蘭巴士（Polski Bus）是中歐有名的巴士營運商，穿梭德國、波蘭和捷克三國，班次繁多，價格便宜。

**治安｜** 德國、波蘭治安情況大致優良，唯近年因中東難民潮，德國成為最大難民收容國之一，屢傳難民蛇偷鼠盜的消息，值得注意。

**天氣｜** 兩國屬大陸型氣候，唯因北部在波羅的海濱岸，北部城市冬天溫和，南部則夏日炎熱，日溫差大，陰晴不定，宜常備雨具。

**貨幣｜** 德國屬歐元區；波蘭流通波蘭茲羅堤（PLN），旅客可從主要車站的找換店兌換。

## 德國、波蘭行程表

**Day 1**　出發！從香港乘機抵柏林
　　　　　遊覽柏林圍牆、柏林大教堂、猶太博物館和紀念碑

**Day 2**　遊覽國會大樓、布蘭登堡門
　　　　　乘夜間巴士前往波蘭克拉科夫

**Day 3**　清早抵達克拉科夫
　　　　　中午跟當地團往奧斯威辛集中營
　　　　　晚上在克拉科夫舊城遊覽

**Day 4**　乘巴士前往布拉格

國會大樓的圓頂天台打卡必

　　旅程展開，踏上首兩站——德國、波蘭，一對難兄難弟。從娛樂角度而言，兩國都可能令你失望；但若果你是享受歷史、文化體驗型的行者，兩國則有如「耶路撒冷」和「麥加」般的朝聖地位！

# 我很醜但我很溫柔
## 一德國・柏林

　　德國朋友說：「來柏林旅遊是一個愚蠢的決定，除非你覺得一個連馬路口都可以叫做景點的城市很有趣。」

　　來柏林坐上觀光巴士，大概凳子都還未坐暖便要下車。在市內遊覽，能做的不過是在公園內看看天鵝、沿著柏林圍牆（Berlin Wall）看褪色的石屎 塗鴉，或者在柏林大教堂（Beliner Dom）前的草地躺著午睡，然後便是逛博物館、博物館和博物館……

▌布蘭登堡門可算柏林僅存的戰前歷史遺物

說到柏林的食物，德國朋友說，大部分德國人都會選擇在家中煮食，其中一個原因是德國食物永遠獨沽幾味——薯條、沙拉和咖哩香腸（Curry Wurst），反正啤酒才是他們的主菜！而筆者在柏林吃過最美味的一餐，卻是一家越南菜，可想而知！至於市容，更加不能和往後會到的布拉格、羅馬、巴塞隆納和里斯本等相提並論，德國朋友更言：「柏林，在歐洲來說可算相當醜陋。」

那麼，為什麼要選擇德國的柏林做歐洲旅程首站？老實說，那不過是隨機選項。從機票售票網做比對，顯示柏林的價格較廉價實惠，於是便選作起點，再沿著地圖規劃路線，一場為期五十日的旅程於焉誕生。不過，由於位處歐洲的中心，到各地的交通都非常方便，算是將柏林作為旅程起點的其中一個好處。另外，雖然筆者自己對柏林的期望不大，但旅伴卻是歷史系學生，來這個二戰時的邪惡軸心大本營、冷戰時期的二大社營陣營的分隔地，於她而言，柏林簡直就像歷史學生的「耶路撒冷」。

一大清早到達，我們趕到酒店放好行李後，便很快出門，因為只逗留兩日一夜的時間，擔心去不完目的地。豈料，柏林雖大，但主要景點都很集中，我們只用大半天時間便遊覽完主要景點，包括柏林圍牆、柏林大教堂、猶太博物館（Jewish Museum Belin）和歐洲被害猶太人紀念碑（Denkmal für die ermordeten Juden Europas）等等。

既然來到柏林，不得不提歷史背景。在沉重的歷史包袱下，筆者最佩服德國人對過去的坦率。二戰時，納粹德國對猶太人的種族滅絕令人咋舌，由此設立猶太博物館，猶如對戰爭的贖罪。館內展品包羅萬有，但目的都是為了完整展現猶太文化，以求達至傳承作用。而博物館本身無論外形設計，還是室內設計，都能令人反思歷史。總建築師Daniel Libeskind以混沌（Void）來形容設計構思，故將博物館的外形刻意造得支離破碎般，象徵戰爭導致猶太文明有如一片混沌。

▌受害猶太人紀念碑成為到柏林必去地標

受害猶太人紀念館室內設計也是一個展品

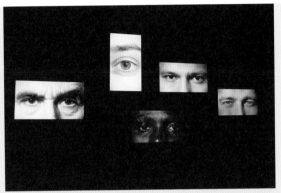
關於種族平等的展品

　　室內設計方面亦花了心思。例如設計了一道沒有盡頭的通道，設計師解釋：「這條通向白牆的通道，是想帶出絕望的意味，像二戰時的猶太人，想要逃走又無處可逃。」絕望、沉重和破碎的概念包圍整個展館，其中令筆者體會頗深的「高牆密室」，在漆黑的密室當中，四面以二十米高的高牆包圍，抬頭望之，是一把匕首似的天花板，深刻地令遊人感受到壓迫與絕望。博物館本身就是一件展品，使人不得不佩服設計師的功力，德國人面對過去錯失的胸襟和氣度，亦非常值得國際效法。

　　當然，要深切體會當中內涵，去前還須做準備功夫，例如熟讀相關的歷史資料。猶幸旅伴豐富的歷史知識，在一路遊覽同時一路解說，令相關知識貧乏的筆者更能投入其中。旅行有個好旅伴確實是一件幸福的事！

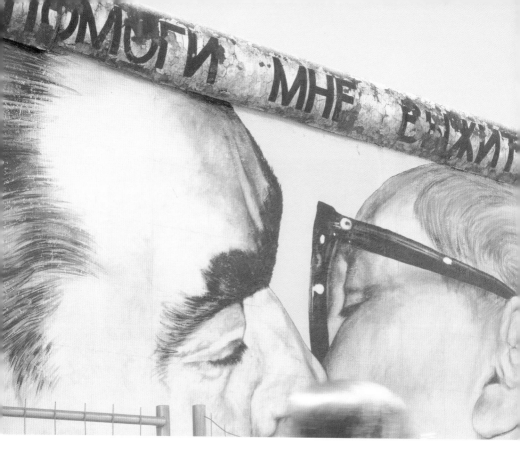

● **柏林圍牆沒有倒下**

在柏林的第二天，我們一早參觀預約了的國會大樓和布蘭登堡門後，筆者邀約了大學時期的德國朋友Zevan。

曾經在香港做交流生的Zevan，把香港和柏林做一比較，坦言柏林不像香港般多姿多彩，甚至可以用沉悶來形容。如上所說，要不是深入探索每座博物館，德國首都的景點，僅用一兩天便能遊覽完。土生土長的德國人，閒暇時也寧願相約三五知己到

柏林圍牆

家中相聚、玩玩音樂、看看電影。

　　幸好，筆者到訪當日，市內有多個嘉年華進行。商量過後，我們決定參加一個壽司嘉年華，舉行地點在前東德地區的一個棄置工場內。Zevan指舊東部地區還保留了很多這樣的舊工地，現在常用來舉辦私人派對、賣物會或者嘉年華，吸引很多年輕人的聚集。這些地區，保留不少冷戰時期的舊建築，在現代化的德國，成為特殊的角落。

▌東柏林一個周日派對場所，充滿嬉皮味

　　只是，雖然柏林圍牆已被推倒多年，東、西德
早於1990年代初統一。但多年冷戰的文化矛盾，真能
在短短二十年間化解嗎？Zevan指出，其實區域矛盾
依然存在。從城市發展而言，前東德區就猶如柏林舊
區，處處留下破舊樓房；反之，前西德地區則明顯相
當現代化，西區的人也大都覺得住在東區的人是「鄉
巴佬」。政治形態上，東區較本土，西區卻傾向左翼
思想。總之，柏林人心中的柏林圍牆似乎還未完全
倒塌。旅遊有當地人的解說，能對城市的見解更加立
體。往後的旅程，筆者也因今次的經驗，多時和當地
人談起城市或是國家概況，往往獲益良多！

▌大膽的塗鴉

　　〈我很醜，可是我很溫柔〉，台灣歌手趙傳的經典金曲很適合形容柏林。以旅遊城市而言，德國首都或許無法像其他城市那樣，頻頻觸動你的視覺刺激或者感觀享受，然而深入底蘊，去前做足功課，遊歷柏林卻令人對史觀和處世觀帶來啟發，體驗文化旅遊。

　　Zevan總算從在柏林的旅遊的萬中缺點中，找出一個優點：「把柏林作為旅程的長旅程首站，先苦後甜，以後的旅程就會在相比下更加精彩。」

# 不要因為死亡而忘掉生命
－波蘭‧奧斯威辛集中營

　　從哲學上而言，死亡可分為三個層次：首先是情感層面與世隔絕，和社會或其他人、事、物失去聯繫，存在於世，似有還無；第二是生理層面，由科學判定身體機理喪失，大眾認知上的死亡；最後是社會層面，當社區、族群對某人的聯繫完全消失，例如親人對他的記憶都不再存在，就算是完全的死亡。

　　「奧斯威辛集中營的受害人並不止於猶太人一個族群，還有一批波蘭政治犯和東歐的政治難民，我們的任務就是希望透過研究這個地方，將消失了的存在證明重新發掘，不讓每個無辜的受害人白白犧牲。」奧斯威辛集中營的研究人員在導覽中向遊人述說工作抱負。

## ● 可怕的希望

　　完成短短的柏林之旅，便乘搭過夜巴士前往下一站，波蘭的南部小城克拉科夫（Krakow）。克拉科夫不大，市內景點都圍繞在細小的老城區，徒步半日便可遊覽完畢。大部分旅客到此，通常都會參觀古鹽礦；不過，時間關係，筆者與此古蹟失之交臂，無緣一會。

克拉科夫舊城像迪士尼童話世界

另一個到克拉科夫的必到之處，就要數參觀位於距離城市一百公里外的奧斯威辛集中營。

造訪奧斯威辛當日，天色朦朧，時而霪雨霏霏，像把悲劇的情節塗上悲情的顏色。這個惡名昭彰的集中營，相信大家都不會陌生，不少歷史紀錄片或電影，例如史蒂芬．史匹柏（Steven Spielberg）的《辛德勒的名單》（Schindler's List）都以奧斯威辛集中營做背景。眾所周知，二戰時它被納粹德軍用作集中猶太人之地，在裡面進行一系列慘無人道的奴役、人體和毒氣室實驗。

▌來到集中營的大門

▌二號集中營的大門

　　集中營導覽員指出，比起非人的待遇，集中營最可怕的東西叫做「希望」。因為在被送入營之前，猶太人被蒙騙只是進來工作，因此很多都是一整家人被送進，並帶上家庭用品。但去到之後，慢慢發現同伴一個個消失，方才意識到可怕的真相。「他們就像死囚犯一樣，每分每刻都在擔憂會不會死，希望所帶來的壓力比絕望更可怕。」導覽員説。奧斯威辛的其中一個展區，就是以當時猶太人的生活用品、例如鞋、煮食鍋和頭髮等等做展品。

## ● 消滅證據

奧斯威辛是人類歷史上一條醜陋的傷疤，但為什麼還要把它完整保留？這是為了把歷史當成教訓，避免以後在種族議題上重蹈覆轍。此外，導覽員指出，最讓他們傾力進行研究工作的動力，在於想還受害者一個存在的證明。

一號營地的展區，長長的走廊掛滿了一個個受害者的相片，並標明姓名、出身背景和死亡日期，供遊人憑弔。「集中營的誕生，是希望隔絕某種族和異見者對世界的聯繫，從而把他們從人們記憶中、歷史中除名；我們就要保留種種證據，恢復每個人的故事，不讓他們白白犧牲。」

> "THOSE WHO DO NOT REMEMBER THE PAST ARE CONDEMNED TO REPEAT IT."
>
> GEORGE SANTAYANA

▊ 忘記過去的人將受重蹈覆徹的歷史譴責

紀錄了的每名受害人

人們常把奧斯威辛直接聯繫到可怕的死亡人數、納粹德國的種種惡行或者直接稱作人類黑歷史。然而，筆者認為奧斯威辛不僅止於作為一個大屠殺象徵而已，更是一本大部頭的書，敍述著一個又一個生命故事的歷史大悲劇，它讓遊客謹記：千萬不要因為死亡而忘記任何一個綻放過生命火花的人們。

標誌了舊行刑區

Chapter 2
# 失落於歐洲的
# 歷史名城。

Czech Republic
Austria
Hungary

捷奧匈
三部曲

## 國家介紹 ──────────────────────

　　捷、斯、匈、奧，所指的是捷克、斯洛伐克、匈牙利及奧地利這四個相鄰的國家。在歷史上，她們曾一度同屬奧匈帝國的版圖。今次，筆者到訪了捷、匈、奧三國，由波蘭的克拉科夫（Krakow）乘巴士到布拉格，展開東歐經典的「三國路線」──捷、匈、奧之旅。

　　如果你對東歐的歷史有興趣，甚至到達鍾愛的程度，對捷、匈、奧三國的人文風貌可能充滿憧憬。然而，充滿期待的筆者遊走在歷史名城的街巷之間，卻有一種莫名的失落感，未知是因為當時身體微恙之故，抑或其他因素？！我在古城與繁華的建築物間獨自遊蕩，面對壯麗風景發思古幽情……

## 捷克

捷克（Česko），是一個中歐地區的內陸國家，前身為捷克斯洛伐克，1993年與斯洛伐克和平分離。

## 匈牙利

匈牙利，是一個位於歐洲中部的內陸國家，人口約1,000萬，首都為布達佩斯。官方語言為匈牙利語，這是歐洲最廣泛使用的非印歐語系語言。

## 奧地利

奧地利（Austria），是歐洲中部的內陸國家。與多國接壤，因阿爾卑斯山存在的緣故，奧地利成為了一個山地國，只有32%的國土海拔低於500公尺，最高點海拔3,798公尺（12,461英尺）。奧地利曾是統治中歐650年哈布斯堡王朝的核心部份。

# 基本旅遊資訊

**簽證**｜特區護照、BNO和台灣護照前往捷克、奧地利、匈牙利均無須簽證。

**交通**｜三國具有完善的跨內、外巴士和火車網絡，來往班次頻密。

**治安**｜三國皆治安大致良好，但仍有針對遊客的術頭騙案（筆者在布達佩斯就身受其害）。

**天氣**｜捷克氣候陰晴不定；奧地利和匈牙利夏日陽光明媚，氣候怡人。

**貨幣**｜除奧地利屬歐元區，捷克、匈牙利皆有自己貨幣，遊客應到找換店兌換，不要在街頭兌換黑市幣。

## 捷奧匈行程表

**Day 1** 從波蘭克拉科夫乘巴士，黃昏抵達布拉格

**Day 2** 布拉格舊城遊覽

**Day 3** 由布拉格乘巴士往克魯姆洛夫一日遊

**Day 4** 由布拉格乘火車往薩爾斯堡
薩爾斯堡舊城遊覽

**Day 5** 薩爾斯堡乘火車往哈爾斯塔德
哈爾斯塔德半日遊
從哈爾斯塔德乘火車往維也納
維也納市內遊覽

**Day 6** 維也納市內遊覽
中午從維也納乘火車抵布達佩斯
遊覽漁夫堡

**Day 7** 警署報案
布達區內遊覽

**Day 8** 遊覽佩斯、中央市場、多惱河沿岸漫遊

**Day 9** 由布達佩斯乘小巴往錫蓋圖（Sighetu）

# 華麗背後
# －捷克·布拉格

　　作為捷克首都和最大城市，布拉格（Praha）是歐遊的熱門城市，亦是筆者「三國之旅」的第一站。我在布拉格待了四日，最初吸引我的，是這裡古典華麗的市容。布拉格曾有過「黃金布拉格」的稱號，在十四世紀時，連查理四世都將神聖羅馬帝國定都於此。

　　在老城區走著走著，卻發現布拉格這城市其實頗為貧窮，街頭巷尾的乞兒，與曾經金碧輝煌的建築物，形成了一個極大對比。對於這地方，我還有一個較壞的印象，就是這裡的市民對講英文的遊客似乎態度較差！記得有次搭的士（計程車），司機居然用英文對我講他「不懂」英文。我猜，或許是因為市民對英文懷有偏見和敵意？又或許是因為全世界都一樣——「的士司機」普遍態度欠佳……

▌人流不輸香港的鬧區，城市化程度比想像中高

　　捷克是東歐消費水準較低的國家之一，物價跟台灣不相上下，旅遊花費也差不多。雖說這裡的飲食價格相當便宜，但在布拉格駐留了四日之後，卻對她重口味的食物感到有點吃不消！

紀念占士甸的餐廳，食物很難吃

其中一日，我到了克魯姆洛夫（Cesky Krumlov），這個距離布拉格兩個多小時巴士路程的小鎮，來個一日遊。克魯姆洛夫以城堡觀光著名，漫步於這個被聯合國教科文組織列為世界遺產的小鎮，是我在布拉格之旅中最暢快的一日。已經習慣了英文麻麻（能力一般般）的捷克國民，即使雞同鴨講，我仍順利到達了這裡。在舊街閒遊、到 Coffee Shop 度過午後時光，不知不覺，又是時候回布拉格了。或許是因為天氣陰晴不定，也或許是因感冒而影響遊覽心情，布拉格這一站，總覺得意猶未盡。

# 音樂之鄉
－奧地利・維也納

　　奧地利的第一站，我到了薩爾斯堡（Salzburg），在這裡逗留了二日一夜，作為轉到哈爾施塔特（Hallstatt）的中途站。遊覽之餘，我心想，這城鎮與其喚作薩爾斯堡，不如叫做「莫札特堡」更貼切——因為這裡是莫札特的故鄉，整個城市及商店大都以莫札特作為招徠旅客賣點！她也讓我想起之前到訪的英國牛津，當地卻是以「愛麗絲故鄉」為賣點，因此出現了十分相似的「既視感」。

　　次日來到哈爾施塔特（Hallstatt）。這個山明水秀的村莊位於哈爾施塔特湖湖畔，原以為會是一個寧靜的阿爾卑斯山小鎮，誰知卻是個「太」熱門的旅遊景點，香港觀光客居然比當地人還多！

猶如忍者屋的房舍

▌到了Hattsatt火車站還要先轉乘渡輪才能到達主島

　　遊覽哈爾施塔特半日後，我轉到了維也納。維也納也是「三國之旅」中，最讓我心曠神怡的地方！她是全球著名的音樂之都，幾百年來孕育出的古典音樂家之多難以勝數。令人驚嘆的是，全世界文化每下愈況的這個時代，遊客穿梭在這個城市的各個角落，卻隨處可見身上揹著、手上拿著樂器的年輕人。筆者也算是鍾情音樂，所以連維也納的空氣，彷彿都滲透著拍子與節奏，敲打著一種熱愛音樂的情緒。

▋ 有名的仙境小鎮

▋ 小鎮以礦物鹽聞名

▋ 很漂亮的火車站

維也納歌劇院

# 馬勒當拿戲法
## －匈牙利・布達佩斯

　　從維也納踏上火車，朝著嚮往已久的布達佩斯（Budapest）進發。匈牙利的首都近幾年成為旅遊熱點，以低廉的物價、豪華的建築、美味的鵝肝和露天溫泉而聞名。原本是筆者最滿心期待的目的地，結果卻成為整個歐遊旅程，最想忘記的回憶⋯⋯

## ● 遇上普斯卡斯

　　未述說在布達佩斯遇上的驚險遭遇前，先簡介一下這個中歐小國的歷史。熟悉西方近代史的讀者應該對匈牙利不會陌生。第一次世界大戰前，未分裂的奧匈帝國，曾經是歐洲一等一的強國；一戰過後，奧匈解體，因戰敗條款喪失了近七成半的土地；隨後像許多東歐國家一樣，二戰後加入社會主義陣營，受蘇俄控制。

▍布達佩斯又名多惱河上的珍珠

電車是市內主要交通工具

著名的Central Market

　　抵達布達佩斯的中央車站，配備與想像中出入甚大，中空的站頂、舊得發黃的牆壁，像極了1990年代中國大陸的火車站，更加不能和先進發達的維也納火車站相提並論。整個城區的建築──少部分古蹟、政府機關和外資企業的辦公大樓除外，莫不瀰漫著舊共產時代的古老嚴肅氣氛。

然而，初到境內，第一樣最吸引筆者眼球的卻是一位頭髮斑白的老人，穿著奪目的紅色球衣，印上「Puskas」的字樣——沒錯！正是匈牙利的傳奇球星普斯卡斯（Ferenc Puskas）。上世紀五〇年代，匈牙利足球隊在歐洲球壇可謂叱吒風雲，曾奪得瑞士世界盃亞軍，更打破英格蘭九十年的主場不敗紀錄，當中的領軍人物就是為國上陣八十五場射入八十四球的普斯卡斯。

可惜，受到反共產主義「匈牙利十月革命」的影響，社會和政治動盪不已，球星都另覓安居。其中，普斯卡斯更宣布不再代表匈牙利，反而決定入籍西班牙，加盟皇家馬德里。自此，匈牙利足球的命運，也如國家發展的趨勢一樣，由盛轉衰。可幸的是，在2016年，匈牙利總理奧班宣布投入相當於五十億港元的巨款，發展足球產業。這位頭髮斑白的老伯，如今又可以燃起他的足球夢了。

● **馬勒當拿戲法**

然而，匈牙利的足球夢未實現，布達佩斯市內卻有一班「馬勒當拿」對遊客虎視眈眈，筆者也身受其害。

火車到達布達佩斯時正值黃昏，由於所居住酒店只有約十五分鐘的路程，故筆者選擇步行前往。酒店位於老城布達的舊工業區，途人疏落，夕陽將冷清的城市，映照得暖意盛濃，一片祥和，使人放下戒心。

跟隨地圖指示信步而行，未幾到了一個公園，忽然有人現身攔著我和旅伴的去路。他手中拿著地圖，用頗為流利的英語問道：「先生、小姐，你們好，我剛從西班牙過來，請問市中心應該怎麼前往？」

問路的是一個中年男子，皮膚黝黑，留著微曲的短髮，恤衫牛仔褲，語氣平和，還帶著微笑，就像普通初到陌生遊地的拉丁旅客一般。

我和旅伴雖然帶著疑惑——為啥他會向還推著行李箱的遊客問路？不過，出於禮貌，還是回答他：「不知道。我們都是剛到這裡。」

男子開始搭訕道：「你們是來旅遊嗎？你們從哪兒來？」

我回答：「香港。」

話音未落，就有另一名身材魁悟的白人大漢，朝著我們的方向走來。他很快地抽出證件，語氣頗為粗暴地用英文說：「警察！把你們的錢包拿出來！」

我和旅伴還未回過神，旁邊的「拉丁男子」已經把錢包拿出，遞上一張殘舊的紙予以檢查。

那大漢作勢地看了兩眼，然後再檢查那個拉丁男的

錢包，只有一堆霉爛的紙幣，未幾就歸還給拉丁男，繼續用他粗獷的語氣，命令拉丁男子：「你走！」手指指向後方。拉丁男就沿著該方向離開了。

白人大漢轉向我們，語氣卻平伏地說：「剛才那個男子不是遊客，他是想欺詐你們，這個城市很危險。」他再問：「你們從何處來？來多少天？會在哪裡居住？」一如正常警察會詢問遊客的問題，令人不疑有詐。

一一回答後，他要求我們交出護照予以核實，我們聽從了命令。誰知他只隨便掃了兩眼便把護照歸還我們，感覺很不認真。

接著他問道：「你們帶了多少現金？我需要檢查你們的現金是否合法！」

雖然早對東歐假警察的手法略有所聞，但今次遇到的情況卻和平常不同。正當我們半信半疑之際，白人漢子的目光開始轉為不友善，再次催促我們拿出現金讓他檢查。

那時，街道四下無人，呼天不聞，叫地不應，也只能束手就擒。

無奈下，只好把藏在腰包的部分現金遞上給他檢查。白人大漢拿上手便純熟地數著，我和旅伴則金睛火眼地盯著他，觀察有沒有可疑的舉動。

「把現金收好！這個城市很危險。還有沒有更多現

鈔？」他很快數完錢並歸還，一再強調布達佩斯的危險。

我們沒有察覺有任何異樣，只顧搖頭否認有更多鈔票。他見狀便讓我們離開了。

## ● 疑幻疑真

完成檢查後，心情稍微平伏。那一刻我們都認為白人男子是個好人，為我們趕走了「危險的拉丁男」，還在慶幸自己出門遇貴人呢。

直至回到酒店，我們再次統計剩餘現金時，方才察覺自己的「年少無知」：藏在腰包裡的鈔票竟然少了數百歐元⋯⋯但我們

在觀察的過程，一點都沒有發覺白人男子有任何異樣呀，只覺得他數錢的手法非常純熟、快速和流暢，毫無破綻。

在酒店的提議下，我們決定第二天到警局報案。後來從警方口中得知，那「拉丁男」和「白人大漢」其實是同夥，拉丁男子並不是來自西班牙，而是惡名昭彰的吉卜賽人，只是裝扮現代化了。他們的詐騙手段，正是假借問路來攔截遊客，再假裝配合由「白人大漢」裝成的假警察的檢查要求，令遊客心理上覺得一切正常，不知不覺墮入了二人設下的陷阱。

後來在羅馬尼亞和人談起這事件，他們告訴我這叫做「馬勒當拿戲法」，近年在東歐匈牙利和羅馬尼亞一帶很流行，是假警察騙案的進階版，加進了心理手段，令受害者更分不清真假。當中數錢的過程其實是以障眼法扣起遊客的現金，其手法之快，有如前阿根廷球王馬勒當拿（Maradona）的腳法般巧妙，因而以之命名。

因為這次事件，我們花上一整天的時間報案，原先訂好的溫泉行程亦因而取消。雖然受騙金額不大，但心情仍若有所失，往後的旅程也因為今次遭遇，變得神經緊張。

匈牙利警方告誡遊客，在任何情況下都不要把現金交予街上的陌生人；若遇到同樣情況，應該要求回警局處理。只是筆者心忖：身處四下無人的街道，人生路不熟兼言語不通的情況下被人包圍，又會有多少人有膽量和歹徒說道理？

整合經驗，在歐洲要防止自己受騙，必須謹記兩條金科玉律：

（1）凡主動用英文搭訕的陌生人，必須保持警戒。
（2）眼見未為真，不要太過相信自己雙眼。

▎國會大樓有如布達佩斯的簽名

## ● 多瑙河珍珠

　　雖然布達佩斯之旅一來便蒙上陰影。當晚登上著名的城堡山後，從漁夫堡瞭望多瑙河兩岸，金光燦爛，更不知何遇上煙花匯演，似是安慰我們的不幸遭遇。可謂是歐洲之旅以來，看過最美麗的夜景，壞心情也因而漸漸平伏。

歡迎來到布達佩斯

　　香港著名旅遊作家項明生，形容匈牙利是「跌在歐洲的亞洲石頭」。匈人的名字和亞洲人一樣先姓後名；飲食習慣也非常相似，亞洲人到此地旅遊，不會出現水土不服情況；其市中心的中央市場（Central Market）售賣各種平價卻高質的食材和小食，實在叫人流連忘返，無負「多瑙河珍珠」的美名。

Chapter 3

# 探奇之旅。

羅馬
尼亞
*Romania*

# 國家介紹

## 羅馬尼亞
· · · ·

羅馬尼亞（Romania），位於歐洲東南部，首都為布加勒斯特，是羅馬尼亞第一大城與工商業城市。國境以西分別和匈牙利與塞爾維亞二國接壤，南接保加利亞，北邊與東北則有烏克蘭與摩爾多瓦共和國。羅馬尼亞的東部，有一小段黑海邊的海岸線。

## 基本旅遊資訊

**簽證**｜特區護照、BNO和中華民國護照均無須簽證。

**交通**｜香港沒有直航羅馬尼亞班機，一般須轉機一次，航程約十五小時。建議在中部大城克路納波卡（Cluj Napoca）落腳，四通八達。跨市的火車路線完善，但常有誤點情況。市內的公共交通規劃混亂，班次疏離，宜自駕或包車出行。

**治安**｜羅馬尼亞民風淳樸，主要旅遊區治安均大致良好。

**天氣**｜大陸性氣候，冬季嚴寒，夏天酷熱，5至9月最適宜旅遊。注意：即使在夏天，日夜溫差都甚大，留意保暖。時有降水，須備雨具。

**貨幣**｜羅馬尼亞並非歐元區，有自身貨幣LEI（或作RON），物價非常廉宜。1港元約兌0.5LEI，可於找換店以歐元、英鎊和美金等兌換。

# 羅馬尼亞行程表

**Day 1**　錫蓋圖與私人導遊會合
　　　　私家車前往山中小村莊Botiza

**Day 2**　Botiza村內遊覽、遠足

**Day 3**　遊覽羅馬尼亞木教堂、快樂公墓、
　　　　二戰博物館

**Day 4**　由Botiza乘私家車往布拉索夫，途
　　　　中遊覽吸血鬼故居Sighisoara、撒克
　　　　遜人村落Viscri，黃昏抵布拉索夫

**Day 5**　布拉索夫舊城遊覽，參觀著名的黑
　　　　教堂

**Day 6**　布拉索夫乘火車至布加勒斯特
　　　　布加勒斯特市內遊覽

**Day 7**　布加勒斯特乘機至塞薩洛尼基

# 死亡不一定要哭著面對
－馬拉穆什

　　在布拉索夫（Brasov）的公路上，民宿主人迎接我和旅伴，笑容可掬，熱情地握著我的手說：「歡迎你們來到布拉索夫！我剛剛從朋友的喪禮趕過來，只能把你們送到家就要回去了。明天我會補送你們一罐蜂蜜當見面禮。」他語氣很輕鬆。我不禁錯愕地問：「朋友過世，難道你不難過嗎？」

　　他呼了一口氣說：「上週得知他們死訊時確有難過，不過人生就是這樣呀！因此，與其徒感悲痛遺憾，不如換個角度回憶彼此相識以來的快樂時光。這樣，已逝的朋友彷彿也以另一種形式繼續存在於我們之間啊！」去過羅馬尼亞，才發現原來這世上確實有個國家，面對死亡的態度，比莊子喪妻更樂觀。

▌羅馬尼亞人大部份信從東正教，國內依然保留很多歷史悠久的修道院，羅馬尼亞是多民族國家，位於深山的古老撒克遜人村莊Viscri在十三世紀已建成，人們仍保持當時的生活模式

羅馬尼亞人在歐洲名聲不好，然而深入該國，遇見的人卻是非常友善和熱情

## ● 活現歷史

　　羅馬尼亞這個位處東南歐的國家，即使歐洲人也甚少到當地旅遊。由於很多地方都未有完善規劃，反而保留了其他歷史名城闕如的原始風情。有別於布拉格和維也納等都會，為了歷史而活化。或許是該國在歐洲相對貧窮，沒有多餘的錢做城市改造工程，因此羅國可以活生生地呈現歷史。

　　該國有一半的人口生活在中北部──環抱著喀爾巴阡山脈（Carpathians）的鄉村地區，人們像他們的祖先一樣，繼續住在傳統茅房裡，以務農和畜牧為生；使用手製工具、傢私，穿著傳統服飾；街上汽車和馬車奔馳同道，也是司空見慣的景象，徹底地由生活到形式都停留在幾個世紀前。至於南部的大城市，如首都布加勒斯特（Bucharest），則保留了共產時代的古肅和灰暗；而東部的黑海沿濱則是著名的度假和潛水勝地。很有意思，一個國家，幾種體驗。

監獄改建成的博物館，講述羅馬尼亞在共產統治的日與夜

## ● 快樂公墓

　　選擇到羅馬尼亞遊覽，最主要想參觀位於北部馬拉穆什縣（Maramures）小鎮沙潘塔斯（Sapantas）的快樂公墓（Merry Cemetery）和歐洲獨一無二的木教堂群。快樂公墓有別於一般墓園的陰沉灰暗，反而是色彩繽紛，墓碑畫上充滿童真的圖畫呈現逝者的死因。更精彩的莫過於碑上的墓誌銘，筆調嗆核（一針見血），例如：「躺在十字架下的是我的外母，請千萬不要吵醒她，不然她再多活三天的話，躺進去的便是我了。」原來，婆媳糾紛一直是全

球共同面對的難題！還有一名因醉駕而死的男子，墓碑就刻著：
「他總算能夠與因戰爭而死的亡父一起在天國暢飲了！」

　　筆者問了羅馬尼亞嚮導兼翻譯George：他日離世的話，會想
埋葬在此嗎？「有何不可？在羅馬尼亞人的心中，死亡不一定
要哭著面對。」他回答。自1935年起由羅馬尼亞藝術家派特拉斯
（Stan Ioan Patras）完成第一個墓碑作品後，大受村民歡迎，其後發
展成別樹一幟的墓園。藝術家在1977年逝世，手藝由徒弟傳承，時
至今日，繼續用一手一木將羅馬尼亞的黑色幽默傳揚世界。

木教堂內刻畫聖經創世紀的故事

馬拉穆什人至今仍建築木教堂留下存在的證明

## ● 木教堂群：存在的證明

馬拉穆什縣的木教堂群是另一焦點：哥德式的尖塔建築，棕黑色的外牆，內藏手繪聖經故事的壁畫，雖沒有梵蒂岡博物館那些大師作品般，使人目瞪口呆，但依然精美。木製教堂始建於十七世紀，有部分已進入世界文化遺產名錄。以橡木建成的教堂是羅馬尼亞獨有，因從前的奧匈帝國，禁止當地人民以石材建築教堂，為了信仰，所以轉由木建成。導遊告訴筆者，至今馬拉穆什人依然建造木教堂，因為已經成為他們的文化象徵，國家亦有開設專門學校，訓練工匠和畫師繼續傳承。一個當地著名的木匠附和道：「到今天依然堅持傳統手藝，當然不只為了謀生，更希望是為自己留下一點存在過的證明，即使過世了，還能透過我的家具而想起我啊！」

納入世界文化遺產名錄的木教堂

## ● 自由行難度高

要到羅馬尼亞自由行，難度頗高，因為當地的公共交通實在非常不完善，特別是在北部的鄉村帶，可達度非常低，巴士班次稀疏，的士也少見，當地人多搭順風車出行。自由行可以租車自駕，不過當地山路崎嶇曲折，對自駕新手或有一定難度，故非常建議提早預約導遊，包車遊覽。

筆者就從匈牙利首都布達佩斯（Budapest）出發，坐了大約六小時的Minivan到達馬拉穆什縣城市錫吉爾（Sighetu），然後由私人領隊George接送我們前往山谷中的鄉村波提札（Botiza），居住其家，最後亦由他送往中南部大城布拉索夫。四日三夜，二人價格連小費約五百五十歐元，三餐一宿和交通全包（George妻子燒的菜非常美味，在預約前，George就聲稱妻子是全馬拉穆什縣最佳的廚子！果然沒有騙人！），中間可以自訂行程。筆者就在前往布拉索夫的途中，參觀了德古拉的故居以及位於深山之鎮威斯克里（Viscri）的傳統撒克遜（Saxons）人村落和堡壘，性價比頗高。

馬車在羅國仍是重要的運輸工具

## ● 戀家的矛盾

領隊George原來是礦業工程師，能操流利的羅、英、法和德語，有著典型前共產國家人民沉穩的性格，很少見他流露笑容，不過骨子裡卻是非常好客。George有幸接待過多國元首，此外，他個人也很喜歡討論歷史和古典音樂。據聞排在筆者後面的下一位客人，正是英國的皇室成員。順帶一提，雖然羅馬尼亞北部不是大熱門旅遊熱點，或者正因如此，這個世外桃源深受英國查理斯王子喜愛，在馬拉穆什縣買下兩幢度假屋。

去年奪得坎城影展最佳導演的羅馬尼亞導演，基里斯汀穆基（Cristian Mungiu）的作品《畢業風暴》（Graduation）就帶出了羅國的社會觀，羅馬尼亞的父母「望子成龍、望女成鳳」培養出來的精英子女外流景況。這是家庭聯繫（Family bond）薄弱所致嗎？電影告訴我們，該國人民對國家和體制已然失去信心，瀰漫整個社會的不安愁緒揮之不去，所以紛紛想要離開。

George的妻子和女兒都是內科醫生，他說曾經有法國的醫院，以月薪八千歐元——足足是羅國平均月薪的十倍有多，邀請其妻子長駐執刀，但最終因不捨離開家鄉而拒絕了。同樣地，他也不想女兒離開國家，寧願自己每月給女兒零用錢，把她留在身邊。

George慨嘆現在的羅馬尼亞，自1989年的流血革命，雖然推翻了獨裁政權，表面風平浪靜，實則民主政權仍然腐敗不堪，國內貪污嚴重，筆者到訪前就正因「放生貪官」的法令，促使民間爆發大型示威。不知羅馬尼亞人民對死亡豁達的齊物觀，是否正因對現實生活的悲觀，物極必反所致呢？同歷過風雨飄搖的吾城市民，又有同感嗎？

▍座落深山之中的撒克遜人古堡。

羅馬尼亞是遠古森林帶，吸血鬼傳說跟瘋狗症，到或孰幻孰真？

# 尋找德古拉的足跡 ─布拉索夫

　　蒼白的臉孔，深邃無神的雙眼，透射出攝魂冷光；飛機頭，黑禮服，紅斗篷，謙謙君子的外表，微笑時卻會突出一對致命的犬齒，笑裡藏刀。吸血鬼的形象，深入民心。據說最著名的吸血鬼──德古拉伯爵（Dracula）家鄉就在現今的羅馬尼亞。為這個歐洲的神祕國度，再增添一份奇幻色彩。

## ● 吸血鬼之鄉

　　羅馬尼亞的中部城市──布拉索夫（Brasov），是國內較著名的旅遊景點，全因城郊的布朗城堡（Bran Castle），相傳是德古拉伯爵的原型弗拉德三世（Vlad the Impalar）的根據地。這名嗜血公爵以殘酷著稱，喜歡任用刺刑，把敵人或是犯人釘在尖椿上，可怕的刑法令他因而蒙上「吸血鬼」之名。著名電影《吸血殭屍：驚情

德古拉故居（弗拉德三世）在Sighisoara的故居

四百年》（*Bram Stoker's Dracula*）的故事設定就是取材於他和布朗城堡。

由於到訪布拉索夫時值天雨，筆者未能到訪這個在電影中被描繪為極度恐怖嚇人的吸血鬼古堡，只在當地的舊城區稍作閒逛。由於羅馬尼亞始終不算旅遊熱點，街上遊人亦不多。霏雨霏霏，灰暗的天色，籠罩著哥德式的古建築群，城市隱約滲透出陣陣陰森。街上的紀念品店和餐廳都以德古拉做招徠，走在大街，就如有好幾百個吸血鬼從商店的窗口中凝視著你一般，路人可謂是走得步步心慌。

## ● 吸血鬼傳說的起源

「每年有數百萬的遊客慕德古拉之名來到羅馬尼亞，但作為羅馬尼亞人，我對這個現象是頗尷尬的。」羅國導遊George說道。他認為德古拉的原型，弗拉德三世是民族英雄，曾經帶領人民抵禦鄂圖曼帝國的入侵，使得當時的外西凡尼亞王國免遭吞併。外界將他們的英雄妖魔化，確實是有欠尊重。誠然，如果外國人把中國的岳飛或鄭成功等民族英雄，幻化成邪魔鬼怪，我們的心裡也會不開心吧？

對於吸血鬼傳說，曾當過工程師的George認為，羅馬尼亞之所以流傳吸血鬼傳聞能夠以科學解釋：「羅馬尼亞在

布拉索夫的舊城顏像布拉格

中世紀是森林帶，山谷裡的野狼不時出沒民居，牠們咬傷人後傳播狂犬症予人類，使其獸性大發。在科學水平未發展的當時，就會認為是鬼神作祟。」至於吸血鬼的形象從可而來？為什麼他們都朝別人的頸部撕咬？George就歸因於天氣寒冷，人們習慣穿著寬袍長袖，只露出頸部以上，所以就有了具體的擬人形像。

George建議，如果想探訪真正的「吸血鬼之鄉」，不應該去被西方媒體繪聲繪影地誤傳的布朗城堡，弗拉德三世其實僅在那裡短暫停留過，而位於羅馬尼亞的中西部小城錫吉什瓦拉（Sighisoara）才是弗拉德三世真正的出生地，其故居依然保留至今，供人參觀。其舊城區面積不大，以悠閒的步伐也可以半日內走完，遊客可以從布拉索夫坐小巴前往，車程約三小時。

# Chapter 4

# 古文明的
# 既往今來。

希臘
Greece

義大利
Italy

## 國家介紹

### 希臘

位於歐洲東南部，是歷史最悠久的國家之一，海岸線達13,676公里。希臘擁有大量島嶼，其中超過270個島嶼有人居住。

### 義大利

主要由位於南歐的靴型亞平寧半島及兩個地中海島嶼西西里島和撒丁島所組成，其領土包圍著兩個微型國家——聖馬利諾和梵蒂岡。義大利是歐洲人口第5多的國家，擁有為數眾多的人類文化遺產，世界遺產數目排名全球第一，而被稱為美麗的國度（Belpaese），是歐洲的文明搖籃。

## 基本旅遊資訊

**簽證** | 特區護照、BNO和台灣護照前往希臘、義大利均無須簽證。

**交通** | 希臘市內主要以地下鐵和巴士出行，前往島嶼可選乘飛機或輪船；義大利運輸發展先進，擁有非常完善的鐵路網，往各大城市都四通八達。

**治安** | 兩國首都雅典和羅馬的治安令不少遊人憂慮，特別在人多地方要注意扒手，在旅遊景點盡量不要與陌生人對話，以免街頭行騙。

**天氣** | 希臘屬地中海型氣候。此氣候最大特徵為夏乾冬雨，因此除冬季外，

## 希臘、義大利行程表

| | | | |
|---|---|---|---|
| Day 1 | 塞薩洛尼基市內遊覽 | Day 10 | 參觀梵蒂岡博物館及廣場 |
| Day 2 | 塞薩洛尼基市內遊覽，參觀「白塔」 | Day 11 | 羅馬市內遊覽 |
| Day 3 | 由塞薩洛尼基乘巴士至雅典 | Day 12 | 由羅馬乘火車往佛羅倫斯 |
| Day 4 | 參觀憲法廣場、衛城山 | Day 13 | 佛羅倫斯舊城遊覽 |
| Day 5 | 雅典市內遊覽 | Day 14 | 由佛羅倫斯乘火車往波隆那 |
| Day 6 | 由雅典乘郵輪至Santorini島 Santorini島黑沙灘游水 | | 波隆那市內遊覽 |
| Day 7 | Santorini島市內遊覽，去Oia觀看世上最美日落 乘夜機前往羅馬 | Day 15 | 由波隆那乘火車往威尼斯 威尼斯主島遊覽 |
| Day 8 | 羅馬市內遊覽 | Day 16 | 由威尼斯乘飛機往巴塞隆納 |
| Day 9 | 參觀羅馬鬥獸場、威尼斯廣場、許願池 | | |

幾乎不會下雨。全境日照充足，各地區每年平均日照超過2千小時。義大利的氣候形態相當多樣，主要為地中海氣候，北部地區屬於大陸性氣候濕潤副熱帶氣候，例如米蘭及波隆那等地。沿海地區、大部分佛羅倫斯和南方的義大利半島地區都是屬於地中海型氣候。高海拔地區在冬季時呈現寒冷、濕潤及多雪的氣候；海岸地區冬季溫暖，而夏季通常是相當乾燥，地勢較低的谷地在夏季相當炎熱的。

**貨幣**｜兩國均屬歐元區。

# 慵懶與浪漫的聖地
－希臘

　　羅馬尼亞的下一站，來到希臘的北部沿濱城市塞薩洛尼基（Thessaloniki），行程只是安排了短短的三日兩夜，主要用作休息放鬆，故沒有特別安排行程，只在沿岸漫步，或坐上改建成咖啡廳的古船，在愛琴海上環遊城市一圈。浪漫、緩慢，漫無目的，就是遊覽希臘的最佳模式。

## ● 慵懶的國度

　　塞薩洛尼基是希臘的第二大城，古代馬其頓王國的首都，是東南歐的交通樞紐。城中心很少，景點除了海邊的白塔，就只有博物館。然而，柏林的朋友Zevan曾告訴我：「你在塞薩洛尼基不會後悔，她是希臘最好的城市。」何出此言？

愛琴海就在目前

▍塞西洛尼基少有的景點－白塔博物館

　　位於歐洲南部的希臘，夏日炎炎，氣溫超過四十度也不過家常便飯。但是，在塞薩洛尼基，由於靠近海岸，海風輕拂臉龐，伴隨陣陣的暖意，氣候極為舒適。後來到了雅典，由於密集的建築重重包圍造成的熱島效應，身體感受到的，彷彿一個希臘卻有兩個太陽。難怪住在天氣反覆無常的柏林朋友會享受這裡的城市溫度。

　　除了怡人的氣候，塞薩洛尼基不算旅遊大城，繁忙亦不如首都雅典，閒日的早午，不論遊

▌懶洋洋的國度

▌從白塔影回海岸

人或者當地人，都會聚集在海邊的酒吧內，吃點
小食，飲杯啤酒。作為一個香港人，看到此情
此景，只能酸上心頭地問：「他們不用工作的
嗎？」後來在雅典問定居希臘多年的法國夫婦，
他們說希臘人比起法國人更懂得生活，即使近年
希國經濟不景，國庫空虛，失業率高企，但希臘
人總能找到方法去享受生活。法國夫婦最後打趣
道：「希臘人最積極的工作便是罷工！民主從他
們而來，所以要貫徹傳統。」

　　慵懶是希臘的核心價值，可憐之人必有可恨之處。優哉游
哉地在塞薩洛尼基度過幾日後，便乘車前往首都雅典。唯當旅遊
巴士走進雅典的市區，映入眼簾的卻是一幢幢破房，人去樓空的
舊建築底層，有一個個睡袋、廚餘和雜物等等露宿者的家當。更
糟糕的是，街頭巷尾堆積了一包包無人清理的垃圾，成了一個個

▌左：帆船酒吧，可以邊小酌一杯，邊環遊海岸
▌右：市中心如九十年代的大陸城市

的小山頭。要不是置身其間，親眼目睹，
根本難以想像這裡是以浪漫著稱的國家首
都。淪落至此種光景，其實都歸因於2010
年的經濟危機，導致國家破產，政府也無
力維持瑰麗市容。

遊小島才是到希國的精華

聖島的黃昏

雅典人示威的日常

憲法廣場

● 人性的考驗

　　有聞希臘破產後治安不佳，首都雅典儼如罪惡城，扒手處處，騙案頻生，成為人稱「最不宜旅遊的城市」。記得早前在布達佩斯遇上假警察事件之後，筆者亦逐漸對人性提高防範，故決心往後旅程寧願以小人之心度人，以防再有閃失。然而，這種心態，卻導致在往後的雅典之旅，帶來了一點小尷尬，也使個人對人性的了解，得到了一個小體會。

　　隔天早晨，早早起床往著名的憲法廣場遊覽及享用早餐。忽見有一對母女坐在不遠處，小女孩不時望向我和旅伴，笑得開懷。然而，因為防人之心的「紅色警戒」大開，加上廣東話有句俗語「笑騎騎，放毒蛇」，而且在歐洲「唯女子與小孩不可盡信」，很多的騙案就是從小孩和女人，這些讓人感覺侵略性較低

▌和小朋友踢沙灘足球

▌依山而建的雅典城

的人中發生，故此種種都勾起了我的一絲警惕。

就在我們食完早餐，動身離開，才走幾步，我就感覺有人追上拍背。我瞬即轉身瞪視，以為扒手。原來是剛才的女孩，提著一幅手繪畫，說是剛才為我們畫的，想要送給我們。

女孩盛情難卻，但我卻心生猶豫，心中浮起一個念頭：「要是我接過以後，她向我收錢怎麼辦？」場面開始變得尷尬。我心中開始掙扎，下一步應該什麼辦，問她的收費嗎？思量頃刻，看著小女孩天真無邪的微笑，素來心軟的我，最終決定冒險一博。接過幅畫，道謝之後，美言幾句。那個小女孩與她的母親相視而笑，接著便滿足地返回座位。

無驚無險。

對小女孩的熱情，我是感到很窩心。但事後我對自己以

小人之心度君子之腹的想法，充滿慚愧。回想起旅程至今，雖然
經歷過一些不愉快的事，但也有一些好人好事，受過不少人沿途

▌雅典的天際線

幫助，只能嘆息人腦的特殊，往往只會從壞方向去鑽，卻忽略真
正該長存的窩心時刻。

## ● 如果你懂浪漫

　　希臘的夏天，酷熱難耐，特別是在中部的雅典，溫度更是令人煎熬。來到雅典，不得不上她的衛城山（Acropolis）。到訪當天，氣溫達到攝氏三十五度。雖說對來自香港這個熱帶地方的筆者而言，這個溫度不算太誇張，但畢竟要走一段斜路上山，汗流浹背的滋味，還是令人叫苦連天。

　　雅典的衛城山有如希臘的簽名，上面的帕特嫩神廟（The Parthenon）建於西元前五世紀，用作供奉希臘神話中的智慧女神雅典娜（Athena）。數千年的歷史，依然保留了大部分原貌，

▌女生最愛的白色小屋

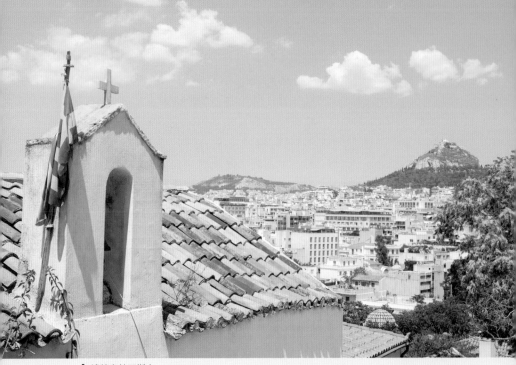

▌遙望奧林匹斯山

▌很漂亮的白教堂

甚至比雅典的市容保養得更得宜。它奠定了希臘作為現代西方文明搖籃的地位，然而，不少人去完就會問道：「不過是一堆建築了數千年的古舊巨型石柱，有什麼好看？」

的確，要走上衛城山已經是吃力不討好，看古蹟也沒有什麼娛樂可言。但假如你是一位思考型的行者，看到帕特嫩神廟，不妨摸摸那屹立了數千年之久的石灰岩。你會感到有突破時空維度的感想嗎？想想在科技未發達的從前，人類的建築可以達到此等程度，你能感受到人類的潛能有多大嗎？

讀萬卷書不如走萬里路，文字、圖片無論如何表述，都無法達到親臨目睹時的震撼。如果你認同歷史是浪漫，那麼雅典絕對是遊覽希臘不能錯過的城市，即使她在別人的評論裡如何惡名昭彰和千瘡百孔。

# 啼笑皆非－義大利

　　義大利是擁有最多世界遺產的西方國家，是孕育歐洲民族及文化的搖籃。首都羅馬亦曾是羅馬帝國的首都，在古代西方政經、文化的地位舉足輕重。而威尼斯則是著名水鄉，有「世界上最美麗城市」的美喻，也是義大利必到的旅遊點熱點。這次義大利之行，筆者由羅馬出發，沿途遊歷佛羅倫斯及波隆那，最後一站來到威尼斯，感受西方文明的氛圍。

義大利，香港人的第一印象莫過於Pizza和義粉（即義大利麵），不過都怪不得，「食好西」是香港人的習性，如果說英國的食物強差人意，那麼義大利的食物可稱為「美食」也不為過。除了歐洲數一數二的滋味，義大利最讓我深刻的就是她的國民。義大利人的率性、坦蕩，相處起來卻讓人哭笑不得！

## ● 難以忘懷的羅馬Pizza與羅馬人

羅馬（Roma）是我最念念不忘、最想舊地重遊的城市。

如果你喜歡廢墟探險，那你一定鍾情這個「永恆之都」的「頹垣敗瓦」。羅馬位處義大利中部，不似北部的威尼斯和米蘭般過分商業化。羅馬給我的第一印象，就像一個巨大廢墟，道路崎嶇不平、街頭充滿垃圾⋯⋯你以為來到了哪裡的舊城區，卻在街角突然冒出古羅馬遺址、某某城牆、教堂等等，是那麼親切、那麼融入社區的存在，實在帶給我另類的震撼！

再說一下羅馬人吧！未到羅馬以前，筆者心目中的羅馬人彷彿與《羅馬浴場》的阿部寬畫上等號⋯⋯說笑的，一廂情願以為貴為古羅馬帝國的首都，羅馬人一定是文明、有禮的，原來現實竟是一百八十度的反差！

話說筆者造訪羅馬時，當地氣溫達攝氏四十度，Airbnb的屋主原本約了我和旅伴到達羅馬時、約中午左右會到火車站附近迎接，後來竟不了了之、沒有出現！問及原因，他只說是：「太熱了，不想出外。」就沒有「然後」了。然而，卻害我們花了一個多小時找那預訂了的房子。

聖伯多祿廣場

永恆之城

　　當晚，我們再約屋主吃晚飯。約定好七點，他最終八點半才到達，而且看起來毫無歉意，彷彿遲到是稀鬆平常……。後來，我看了一本書，才知道義大利人有屬於他們的「時間觀」，基本上約定俗成，把原先約會的時間推遲四十五分鐘以上才會出現。而且，「地處愈南，遲得愈久」云云。如果書中所言屬實，只怪我入鄉未能隨俗，但羅馬人的真性情，我倒是領教過了！

鬥獸場內部，數千年前能造此建築確令人嘆為觀止

除了羅馬人，羅馬的Pizza同樣教人印象深刻。正宗的羅馬Pizza，餅底都脆薄鬆化，店鋪更採用傳統柴火焗爐，絕對是世界第一！而義大利人調煮番茄都有「神祕處方」，烤過後仍然能保持甜美多汁，配上芝士、雞肉、洋蔥等，實在是回味無窮。

▍到梵蒂岡記得買教宗郵票！

## ● 遊客之患
## 佛羅倫斯、威尼斯

　　威尼斯（Venice）的水鄉風情令人悠然神往，也許是期待值太高之故，到達後不免讓人略感失落！威尼斯的安寧，早被多如牛毛的遊客破壞，主島比香港旺角更多人，不免有一種去了主題公園的錯覺。面對過多的遊客，威尼斯的本地人一早已感到窒息，只能說當地旅遊局很會編一個個浪漫的故事，過度發展旅遊業，反而讓這個水鄉失色。

威尼斯主島

多人、更多白鴿的聖馬可廣場

面對同樣情況的，還有佛羅倫斯（Florence）。在佛羅倫斯的街頭走著，依稀能感受到文藝復興發源地的氣質，建築和人民的打扮淡然優雅，但遊客之多，卻讓這座古城的光彩變得黯淡……。加上兩地物價都異常高昂，特別是威尼斯，性價比遠不及首都羅馬！建議大家若想買手信給朋友，記得在羅馬就好買了，免得「蘇州過後無艇搭」……

①日落威尼斯
②佛羅倫斯多出一份恬靜
③非常特色的百花大教堂
④大衛像是佛羅倫斯的象徵

## ● 時光倒流於波隆那

要數歐洲人必到的義大利城市，波隆那（Bologna）一定榜上有名。說真的，波隆那的城市規劃，似乎是我到過的幾個義大利城市中最令人感到舒服的。本來我不打算在這裡逗留，現在回想起來卻是錯有錯著。我原打算在波隆那轉車到聖馬力諾，後來發現交通時間有問題，最終在此停留。

波隆那是一個讓我頗有驚喜的城市，這裡既有全義大利最現代化的交通設備，更擁有全歐洲最古老的大學——波隆那大學（建於西元1088年），是歐洲「真文青」的聚腳點。

這裡的舊城區環境與氛圍都不輸佛羅倫斯，就是一種年輕與活力的味道，走著走著都不知不覺年輕起來！波隆那唯一欠缺的，就是沒有像佛羅倫斯那樣，有著文藝復興「發源地」的頭銜加持而已。

▌1957年的名信片

▌匈牙利福林

▌舊意大利劇本

這裡的文青味處處滲漏，我在遊覽時不覺走進了二手義賣店中，和旅伴一起讀著五十多年前旅行者的名信片內容。看著舊郵票、舊紗票、古老電話和收音機等，整個下午竟是流連忘返。

　　義大利是一個讓人感到有趣的國家，跟義大利人相處會讓人感到哭笑不得，卻不得不服了他們。這個國度既有骯髒混亂的一面，也有華麗古典的一面，在各種矛盾中建構出屬於其本身的立體。說起來，義大利不時被其他國家偒侃是「歐洲中國」，因其人民質素、市容環境，甚至悠久的歷史都有其相似之處。只是，義大利的首都被人稱作「永恆之都」，但中國卻變成「新中國」了。

Chapter 5
# 歐洲雙牙。

西班牙
Spain

葡萄牙
Portugal

## 國家介紹 ——————————————

### 西班牙
● ● ●

位於歐洲西南部，與葡萄牙同處於伊比利半島，東北部與法
國、安道爾接壤，國土面積佔伊比利半島五分之四。領土還
包括地中海中的巴利亞利群島、大西洋的加那利群島，以及
在非洲北部的休達和梅利利亞。首都為馬德里。現今全球有
五億人口使用西班牙語，是世界上總使用人數第三多，母語
人數第二多的語言。

### 葡萄牙
● ● ●

伊比利亞半島上的國家，西部和南部瀕臨大西洋，北部和
東部則與西班牙相接；首都里斯本以西的羅卡角是歐洲大
陸的最西端。除了歐洲大陸的本土之外，大西洋的亞速爾
群島和馬德拉群島也是葡萄牙的領土。

# 基本旅遊資訊

**簽證** | 特區護照、BNO和台灣護照前往西、葡均無須簽證。

**交通** | 西、葡城際鐵路網絡完善。巴塞隆納市內交通完善，遊客可視乎逗留日數選擇交通卡；里斯本市中心細小，基本景點都在步行距離，遊客亦可選乘電車或Tuk Tuk車代步。

**治安** | 西、葡兩國由於近年經濟不佳，加上北非移民較多，市內多鼠竊蛇偷。巴塞隆納主要景區蘭布拉大道（La Rambla）是著名的小偷天堂，特別兒童扒手更須加倍留意；里斯本的遊客區須注意餐廳的收費細項，以免被濫收費用。

**天氣** | 西班牙四季皆適宜旅遊，唯夏季時內陸城市酷熱，最高氣溫可達攝氏50度。葡萄牙氣候變化較大，陰晴不定，須時備雨具和風衣。

**貨幣** | 西、葡均屬歐元區。

## 西班牙、葡萄牙行程表

| Day 1 | 從威尼斯乘機抵巴塞隆納<br>遊覽魯營球場 |
| Day 2 | 由巴塞隆納乘城際巴士前往潘普洛納 |
| Day 3 | 於潘普洛納參與奔牛節開幕<br>觀看鬥牛<br>乘通宵巴士回巴塞隆納 |
| Day 4 | 清早抵巴塞隆納<br>遊覽聖家堂、蘭布拉大道 |
| Day 5 | 從巴塞隆納乘機抵里斯本 |
| Day 6 | 里斯本市內遊覽 |
| Day 7 | 由里斯本乘火車往辛特拉<br>參觀佩納宮 |
| Day 8 | 從里斯本乘機往馬拉喀什 |

歐洲雙牙，向來是歐洲的熱門目的地。天氣四季皆宜，歷史、文化深厚獨特。同在伊比利半島，兩國風格各走極端，西班牙熱情，葡萄牙冷鬱，卻都令人回味無窮，是想一去再去的國家。

# 紅色西班牙

## ● 奔牛節實錄－屠夫的告解

在潘普洛納鬥牛場（Plaza de Toros de Pamplona）的中心，公牛和鬥牛士經一輪引逗，雙雙體力下降，喘著大氣，互相對峙，但仍精神緊張，深怕錯過對方下一動靜，就得命喪黃泉。場邊吶喊聲、叫囂聲和噓聲不止，公牛張望四周，盼找到一絲曙光，卻發現周圍都是想看牠被屠宰的人。無路可退，只得絕地反擊，鬥牛士也揮起花標，駕起戰馬迎戰。

坐滿全場的鬥牛場，彷如一個紅白海

一擊，兩擊，三擊，三把花標伴隨著此起彼落的掌聲，像香燭般插在公牛背，碧血灑黃土，奄奄一息。鬥牛士下馬，掄起匕首，冷刀鋒直插牛腦，公牛雙腳一軟就斃命。戰士執起牛耳，享受雷動的掌聲，飄散的鮮花……

## 海明威加持

西班牙小鎮潘普洛納（Pamplona），是納華拉（Navarra）自治區首府，市區面積只有二十三平方公里，人口約二十萬，平時是寧靜安康的大學城。每年7月，瘋狂的氣息開始蔓延城中，當地居民大都趁機外遊，把民居租出。因為隨之而來的是，逾百萬來自世界各地的遊客，參與在此舉行號稱全歐洲，甚至全世界

高舉紅巾是對勝利的呼

「最血腥、最縱慾和最瘋狂」的派對——聖費爾明節（San Fermin），也就是俗稱的「奔牛節」。

奔牛（Encierro）其實不僅見於潘普洛納，在西班牙其他小鎮、南法和墨西哥都有類似活動。聖費爾明節的奔牛之所以全球聞名，主要因為美國名作家海明威（Hemingway）在其著作《太陽照常升起》（*The Sun Also Rises*）中大力宣揚所致。參與過一戰的他，書中藉描寫鬥牛士的英武和氣概，放大碧血黃沙、生死置外的浪漫，以激勵當時在戰爭過後，變得頹廢、迷茫和縱情聲色的年輕一代。至今的潘普洛納，除了建城者聖費爾明外，市內還有不少海明威的雕像和主題餐廳。不過，在自由主義成為普世價值的今天，受到動物、女性平權和素食主義等思潮影響，卻導致奔牛節成為了惡名昭彰的節慶。

聖費爾明節每年7月6日開始，至7月14日午夜結束。筆者7月5日早上從巴塞隆納乘城際巴士到達潘普洛納，前往民宿的沿途，就有不少攤檔賣奔牛節套裝，包括白色襯衣、褲和紅色繡花領巾等。西班牙作為歐洲的派對之國，奔牛節前夕，市中心廣場早已經有戶外派對舉行，人群聚集其中，個個手持酒杯。現場播放著電子舞曲，手舞足蹈，酒精影響下，情不自禁的男男女女就如乾柴烈火，一拍即合，對對相擁貼唇，黐身勁舞，整個小鎮恍成一個大型夜場。

50天，從德國玩到摩洛哥！｜122

## 狂歡不設防

　　翌日，聖費爾明節正式開幕。筆者即使早早下街，但街上經已聚滿穿上紅白制服的人群，不少更已經腳步飄浮，分不清是宿醉未醒，還是剛剛又飲得爛醉。大約11點半，人群已經在狹小的舊城區裡擠得水洩不通，前擁後推，身體只能不由自主地跟隨人潮移動。人們互相發射水槍、擲雞蛋，也有不少人會買西班牙果酒（Sangria）到處揮灑，男男女女渾身濕透。兩性敵不過萬有引力，失去理性，剩下激情，女性的體香刺激男性的腎上腺，男性的陽剛味弄得女性神魂顛倒。

要想向民居張口就可以飲酒

沒有買酒的人，只須向附近的民居張開口，就會有人從露台把一桶桶酒精傾盆倒下。空氣中散發著酒精味、香煙味和大麻味，令人神魂顛倒，節日還未正式開始，小鎮已經成為一片醉夢人間。正午12點，塔樓響起鐘聲，緊接著，市長發射沖天炮，人們開始把身上的紅色領巾高舉額前，並唱著歌頌聖費爾明的樂曲，代表著一連九日的狂歡節正式開始。

▎要想向民居張口就可以飲酒

他們只是剛剛相識

　　奔牛儀式要在7月7日才舉行，其後每天會有二十隻公牛放奔，最先放出的六隻狂牛，最終會成為鬥牛場的主角。雖然參與奔牛的好事之徒要經過嚴格的體能測試，但每年還是有很多人因而受傷，甚至喪命。另外，在酒精的影響下，也衍生罪案，刑事毀壞不在話下。去年奔牛節期間，就發生過少女遭五人輪姦，國際嘩然，今年亦有十一人報稱受到性侵。有如無政府狀態般的狂歡，令當地人飽受困擾，多次遊行以示不滿。

反對奔牛節的標語

## 公牛的控訴

　　而數到最為人詬病的項目，莫過於鬥牛環節。奔牛節時每晚6時半，在西班牙第二大的潘普洛納鬥牛場都會有鬥牛表演。筆者不是動物權益的捍衛者，出於好奇觀看鬥牛。看見場上的公牛被全場紅白色的觀眾包圍，叫囂道「刺死牠」時，忽然想起幼時看過的電影《猿人襲地球》（*Planet of Apes*，猿人爭霸戰），講猿人統治地球時，人類反受到畜生般的待遇。於是將自己代入公牛，心忖：假如四

周的生物都喊著把自己殺死，那不單是身體上的創傷，更像死囚得知自己將遭處決，被絕望蠶食的心靈，才是最大的折磨。

公牛佇立場上，雙眼盯著在座紅白服裝打扮、染上淺紅酒漬，活像全身沾滿鮮血的屠夫們，沉默之中卻像在反覆控訴：「到底我有什麼罪？」有時平權與否之事，無須放大到哲學層面的複雜辯論，當我們親歷其境，良知就會似鬥牛士的匕首，刺進公牛時，也刺進自己。

# • 反叛成就天才－巴塞隆納

　　朗拿度（Ronaldo）、朗拿甸奴（Ronaldinho）、美斯（Messi）、安東尼・高第（Antonio Gaudi）、畢卡索（Picasso）和達利（Dali）等等……不同專業界別的大名，有何共通點？答案就是巴塞隆納。這個位於伊比利半島的西班牙城市，不約而同地成為諸多稀世天才的「英雄地」，留下足跡、築跡和奇蹟，讓《國家地理》雜誌，列入人生必到城市之一，到底是何原因呢？

## 球王的足跡

　　從巴塞隆納機場方抵步，心中有數，第一個要遊覽的景點，便是嚮往已久的巴塞隆納足球隊的主場館魯營球場（Camp Nou）。這個歐洲最大、歷史深厚的球場，出產過的球星多不勝數，包括筆者的偶像朗拿甸奴、球會傳奇告魯夫、沙維（Xavi）、恩尼斯達（Iniesta），不得不提的還有現今球壇的天之驕子美斯。

　　筆者刻意預訂在魯營附近的酒店，為的就是放置行裝後，能第一時間前往球場。讀書時踢過學校足球隊、長大又當過一輪體育記者的筆者，踏入球場的一刻，感觸特別深刻。魯營的裝潢比想像中破舊，但都無礙於她的氣勢和筆者內心的澎湃。

隨著球場導覽，走進球會博物館，場館中一列長長的玻璃走廊，放滿這家百年豪門的各種獎盃獎項，也由此勾起我小時候和隊友為榮耀、為夢想，在球場不辭勞苦地日夜練習，模仿「細哨」的牛尾巴、朗拿度的「插花」等等招牌動作的回憶。一幕幕往事情景，似海浪般沖擊心頭，長大以後少有的激情，也像浪花一樣，隨之泛起。長大以後，被社會磨蝕稜角，你有多久沒感受過這種熱血的滋味呢？

## 懷念維蘭路華

不過，令我內心感受最深的，並非看到琳瑯滿目的獎盃的時刻，反而是主要展區中一個關於球會前主帥維蘭路華（Tito Vilanova）的展區。維蘭路華是巴塞隆納的青訓球員，但球員生涯表現平平，並不突出，退役後返回母會執教青年隊，之後拾級而上，2012年繼任哥迪奧拿（Guardiola）成為西甲班霸的主教頭，更帶領巴塞隆納在西甲追

平死敵皇家馬德里的一百分積分
紀錄，延續巴塞盛世。然而好景
不常，走上事業高峰的他，證實
患上癌症，但仍阻止不了他對球
會的熱情，即使帶著病軀，仍然
在場側指點江山，有時鏡頭拍到
他因療程造成的瘦骨嶙峋的身
形，也令一眾球迷為之惋惜。

在2014年4月，由於癌症復
發並急速惡化，維蘭路華因而病
卒，得年四十五歲，巴塞隆納的
成績也隨著他的過世開始滑落。
男人四十，正當壯年，將一展人
生抱負之際，卻英年早逝，不少
人莫不為他無比悲痛。但想深一
層，回顧維蘭路華的一生，球員
的前半生寂寂無聞，但對足球和
母會的強烈熱誠，最後終於以領
隊的身份，在魯營綻放光芒，實
現了自己的夢想。

迪士尼電影《玩轉極樂園》
有句對白說道：「人的真正死
亡，不是軀體死去之時，而是被
人徹底遺忘之時。」從平庸走到
殿堂，維蘭路華的一生，不就是
存在的終極意義嗎？

永遠懷念蘭路華

## 反叛的魅力

巴塞隆納在西班牙是獨樹一幟的城市。從地緣政治上而言，作為加泰隆尼亞地區的首府，語言、文化和民族，都和傳統的西班牙人有所區別，也促成巴塞隆納成為加泰隆尼亞獨立運動的中心。在西班牙政府的眼中，巴塞隆納不啻於一個「反叛」的城市，為了爭取獨立，數個世代以來一直受到不同程度的政治壓迫。例如在獨裁者佛朗哥（Franco）斯時，就針對過加泰隆尼亞的政治立場，出現過不少流血事件；即使時至「民主化」的今日，也有政治領袖因為近來鬧得火熱的加泰公投，因而被關入大牢。

天才總是反叛。畢卡索要不是畫上令人「瞠目結舌」的人像畫，他或許只是一個非常出色的畫師，難成一家；高第的聖家堂和米拉之家、達利的

▍聖家堂內部有如太空船

▍聖家堂

由1882年開始修建，聖家堂的建設已經超過百年

| 圭爾公園曾是高弟故居，外表如童話小屋

超現實畫作，如此引人入勝，也正因他們並不循規蹈
矩，其作品在在追求無限的可能。反叛精神，就是創
作的根基。巴塞隆納之所以無獨有偶地成為一眾天才
的「英雄地」，正在於她旗幟鮮明的反叛態度，成就
了其獨特的魅力。

# 歐洲的落難貴族
# —葡萄牙

　　體驗過西班牙的瘋狂，下一站就到歐洲雙牙的另一隻牙——葡萄牙，遊歷「真‧葡京」里斯本。香港人對葡萄牙的認識或者較深，因為彼鄰的另一個特別行政區澳門，便曾是葡萄牙的殖民地。經常前往該地度假的港人，對「前地」、馬賽克、葡撻和豬扒包等葡國特產，都不會陌生。

## ● 正宗未必好

　　從巴塞隆納到里斯本，機程不用兩小時。抵步的第一件事，筆者便立即到機場的葡撻店，一嚐正宗葡撻的滋味。雖然做法和材料大同小異，但里斯本的葡撻，味道明顯更甜，入口感覺糖漿比蛋漿的比例更多，質感更黏稠。傳統葡撻會配上玉桂粉進食，較新式的食法則會以朱古力或者芝士粉代替，屬

於典型的歐式重口味，好不好吃則見人見智。反正，連月來在歐洲試過太多「正宗美食」，體會到正宗並不等於好，筆者反而比較喜歡口味在地化後的亞洲口味。不過，既然來到葡萄牙，正宗葡撻還是非常值得一試。

▌正宗的里斯本葡撻另有一番風味

▌筆者最愛在歐洲的市場大食特食！

依山而建的里斯本市中心

## ● 落難貴族

　　作為大航海時代的啟航點，里斯本的市容甚具
氣派，沿岸有色彩繽紛的房屋，是很多濱岸城市特
色。傳說從前到處漂泊的水手，為了在上岸後能很
快認出自己的家，所以塗上特定顏色，後來遂演變
成一種傳統。加上保養簇新的歷史建築、經精心布
置的商家、市中心豎立宏偉的雕像，還有現代化的

左：色彩繽紛的建築
右：馬賽克圖案是葡萄牙另一「特產」

左：色彩繽紛的建築
右：馬賽克圖案是葡萄牙另一「特產」

休憩公園，恰似一個先進發達的城市，在蔚藍的大
西洋陪襯之下，里斯本就像一幅瑰麗的風景畫。

　　葡萄牙人總是悠閒地在店家門外，叼著香
煙、坐著談天，到日落西山，每間有釀傳統櫻桃酒
（Ginjinha）的店家都會大排長龍，人們像領飯
般，拿上一小杯酒精，麻醉生活的困苦⋯⋯

宏偉的城池有大航海時代的氣勢

　　城市的表象似是優哉游哉，卻瀰漫著經濟不景的愁雲慘霧。雖然作為歐盟一份子，又被歸類為已發展國家，葡萄牙的基礎工業卻十分落後。加上早年爆發的歐債危機，葡國的信貸評級曾被評為垃圾級別，一度頻臨破產。國家欠債纍纍，國內失業率高企，千瘡百孔，人民的生活質素低下。清閒同時清貧，在曾經輝煌的歷史襯托下，塑造出葡萄牙像一個歐洲落難貴族。

## ● 法朵

　　法朵（Fado）是葡國的傳統民歌，意指宿命，又叫「葡萄牙怨曲」，其編曲糅合了非洲敲擊樂的節奏、阿拉伯音樂的調子和葡萄牙水手的傳統音樂。如果說古希臘和古羅馬文明奠基了人類的精神文明，那麼作為大航海時代領航者的葡萄牙，便啟發了現代文明的社會、經濟和文化模式，是全球化（Globalization）的先驅。

▌傳統的葡式裝扮參與節慶

水手下了船便有志難伸。時移世易，科技日新月異，探索世界已經不需要航海。從前只在水手間流傳，吟唱關於「大海、貧窮和命運」的法朵曲，轉移在里斯本大街小巷的餐廳裡演奏，將哀愁化成商品，供來自世界各地的遊客喝彩，諷刺悲哀的宿命。

● **穿梭懷舊電影**

里斯本的市中心細小，景點依山而建，徒步而行，將是腳骨力大挑戰。最佳的遊覽方法，必定是乘坐歷史悠久的28號黃色電車。這輛超過百年歷史的電車線，途經里斯本主要景區，四十分鐘的車程，由市中心馬琴莫妮斯廣場（Martim Moniz Square），至老舊城區阿爾法瑪，讓乘客穿梭於中世紀街道，包圍在老舊房屋之間，活像一趟時光倒流的歷程；還會經過里斯本大教堂（Se Catheral）等景點，一程車看葡京的前世今生。

若在晚上乘上電車，昏暗的古典路燈，映射上黃色的車身，就如王家衛的電影場景，復刻優雅。這個城市即使清貧，生活仍充滿格調。

28號電車等同里斯本的象徵

從市中心可瞭望貝倫城堡

　　沿著山道下降可以來到海邊，不妨到海邊的餐廳，一邊望著大西洋，一邊品嚐馳名的海鮮菜餚。須注意，里斯本的餐廳會提供餐包，但一般需要付費，所以無需要的話就請叫服務員收走，免得結賬時大失預算。

位於近郊的辛特拉被植被包圍

## ● 童話城堡

　　遊畢里斯本的市中心，一般只須一整日的便可。有多餘的時間，不妨乘火車前往市郊的小鎮辛特拉（Sintra），可以探訪列為世界遺產的摩爾人城堡（Castelo dos Mouros）以及筆者心目中，歐洲最可愛的城堡佩納宮（Pena Palace）。

佩納宮是浪漫主義的城堡,建於十九世紀,當時用作皇室避暑之用。外表七彩繽紛,好比迪士尼動畫中的公主城堡,內裡華麗,可看盡皇室的奢華。佩納宮頂層視野開揚,現活化成咖啡店,遊人可邊享受咖啡,邊俯瞰里斯本。

▎堪稱歐洲最可愛城堡

從辛特拉俯視里斯本

若然時間許可，還可從辛特拉坐巴士到洛卡角（Roca
Cape），又稱「天涯海角」，是歐洲最西點，情侶到訪
葡萄牙不妨一起走到天涯海角，非常浪漫。

Chapter 6
# 走進
# 一千零一夜。

摩洛哥
*Morocco*

## 國家介紹

### 摩洛哥
. . .

摩洛哥位於非洲大陸西北部，海岸線一千七百多公里，地形複雜，中部和北部為峻峭的阿特拉斯山脈，東部和南部是上高原和前撒哈拉高原，西北部濱臨直布羅陀海峽，是狹長低緩的平原，有「北非花園」之稱。主要大城市有卡薩布蘭卡、馬拉喀什、菲斯和坦吉爾，人民主要操阿拉伯和法語，北部地區的人能說流利西班牙語，英語在旅遊區外並不流通。

## 基本旅遊資訊

**簽證** | 特區護照或BNO均無須簽證；台灣居民前往摩洛哥，須向摩國駐日本大使館郵寄所需簽證資料，一般批核時間約一至兩個月

**交通** | 摩洛哥市內的士價格廉宜，分Petit Taxi（市內）和Grand Taxi（跨市），但遊客宜與司機議價後才上車，否則容易被漫天索價。城際移動可選搭CTM巴士，在各大城市都有營運，價格相宜且質素有保證，但須提早預訂熱門車票。

**治安** | 摩洛哥治安大致良好，唯要小心舊城區內的假導遊；不要隨便拍攝，否則有機會被開天索價「拍照費」；女士獨行亦有可能被騷擾。

## 摩洛哥行程表

| | |
|---|---|
| **Day 1** | 早上從里斯本出發，中午抵達馬拉喀什，黃昏做市內觀光 |
| **Day 2** | 馬拉喀什市內觀光；報名參加3日2夜沙漠團 |
| **Day 3** | 沙漠團 |
| **Day 4** | 沙漠團 |
| **Day 5** | 沙漠團清晨完結，包車前往菲斯（Fez），中午到達 |
| **Day 6** | 菲斯舊城觀光 |
| **Day 7** | 由菲斯乘搭CTM巴士前往藍色小鎮－舍夫沙萬（Chefchaouen），中午到達做市內觀光 |
| **Day 8** | 由舍夫沙萬乘搭CTM巴士前往坦吉爾（Tangier），黃昏到達 |

**天氣** | 11至4月天氣涼爽，是旅遊旺季；5月起天氣開始炎熱，夏季最高可達55度，要注意消暑。沙漠日夜溫差極大，冬季夜間氣溫可低至0度，前往須帶備厚衣。

**貨幣** | 1港元約兌1.218 DH，要注意DH只能在摩洛哥境內兌現，一般找換店只接受歐元、英鎊和美金兌換。

「如果你問我，到摩洛哥旅遊有什麼必須準備？我會告訴你，一塊厚臉皮就足夠了。一塊厚臉皮足以令你免除很多麻煩，還能節省幾倍的旅費呢！」

# 在摩洛哥一定要懂的
# 議價哲學

　　在很多國家，旅遊區謀生的商人都不是善男信女，個個笑裡藏刀，為的就是把旅客口袋，花綠綠的鈔票據為己有，摩洛哥人更是這方面的專家。如果有看過《國家地理》頻道的著名旅遊騙案節目《騙案之都》（Scam City），主持人Conor Woodman對摩洛哥旅遊大城馬拉喀什（Marrakesh）的形容是「天才型的騙徒，旅遊區的年老幼少都難以投予信任」。如此「高」的評價，足見這場狩獵遊戲的殘酷。

馬拉喀什是筆者在摩洛哥的首站。由於建築很多由紅毛泥構成，成為城市的獨特色調，所以又稱作「紅色之城」。曾經是摩國古首都，擁有非洲最繁忙的市集德吉瑪廣場（Jemma el-Fnaa），商鋪、食鋪、弄蛇人和紋身畫師都聚集其中。筆者在摩洛哥的炎夏時造訪，馬拉喀什最高氣溫可達攝氏五十五度，到處紅紅啡啡的暖色土牆，令炎熱不只體感，還能視覺入侵，熱得使人變成羔羊。

## • 迷宮內的假導遊

首日到達，在摩洛哥的傳統樓房（Riad）改建而成的旅館安放好行李後，就出發到德吉瑪廣場。摩洛哥的舊城區像迷宮，九曲十三彎，分岔道路極多，加上指示不清，基本上遊客到此，即使有手機導航，都一定會迷路。

因此，導遊一職在舊城區應運而生，雖然有官方發出許可的導遊，但更多的是集團式經營的無牌嚮導。他們會假裝熱情的行人，借意搭訕，然後提出為你引路，或者帶你到一些鮮為人知的「展覽會」。路上迷惘的你，忽見好心人出現，一刻以

為是天使引路，實情卻正中惡魔圈套。他們有些會帶人到死胡同，然後勒索金錢；有些則帶到目的地後，漫天索價。說得可怕，但其實他們都不過是求財，未聞會因此而傷人，即使不幸遇上，就多多少少付二十到五十迪拉姆（DH）打發他們走吧，就算他們一直叫價高昂，只要你堅持一個價錢，他們多數都會屈服。懂記世上沒有免費午餐，所以在摩洛哥千萬不要亂跟人走。

## ● 魔鬼在身邊

筆者甫出旅館，原來魔鬼早在身邊。一位外貌和善可親的中年大叔，操著流利的英語（順帶一提，英語在摩洛哥是邪惡的語言，當地人說得越流利，就代表越需要提防！）看見筆者和旅伴正在找路，便上前示好。他是旅館正對面的辦館店老闆，說要一盡地主之宜，帶我們遊覽，並謂有沙漠遊牧民族路經此地，擺了特色攤檔做展覽，要帶我倆參觀。

素聞摩洛哥假導遊猖獗，對此情況，筆者心生可疑，但那名大叔好像懂得讀心，便說一句：「放心，我保證為你們引路不收分毫，雖然馬拉喀什這裡有名聲不好的導遊，但我絕對不是這種人，況且我有店鋪在此，你不用擔心我！」筆者想想也覺有理，即使有問題，都可以到他店鋪追究，況且在歐洲打滾了一段時間，人心叵測的道理就一早參透，懂得臉皮夠厚，問題就能迎刃而解，於是就放膽跟他走了。

### • 假導遊真Sales

最終，他帶了我們到達所謂的
展覽會，原來是一家手作店。由沙漠
遊牧民族柏柏爾人打理，主打傳統毛
氈。見我們方到，就請我們進內庭，
送上薄荷茶熱情款待。

其實，當筆者到達門口時就知
道「中伏」，說好的展覽會怎麼變成
一家商店？看來一場腥風血雨的屠殺
又要開始了，只是鹿死誰手，還是懸
念。果然，一輪款待過後，店主就開
始疲勞轟炸式地推銷他們的毛氈。我
早料此著，便直言毫無興趣，但既然
來到馬拉喀什一遊，其實早就計畫買
著名的薄荷茶葉做手信，還有買頭巾
為撒哈拉之旅做準備，便開宗明義問
他有沒有售賣。

## ● 議價遊戲

　　來到摩洛哥，首要學懂議價。在這裡不單是一場遊戲，也是一種哲學。只要放膽殺價，旅費馬上能節省三到四倍。

　　店主聞我所需，轉身便拿出兩條頭巾，宣稱是絲綢和棉的混合質料造成。筆者摸一摸，笑而不語。那質料一定是混了0.1%絲，其餘99.9%都是棉質。不過也姑且問價，大不了就頭也不回地離開，還賺了兩杯薄荷茶！但當談到價錢，店主叫我等等，然後從房內年取出紙筆，說要玩一場「議價遊戲」！

　　他說議價遊戲是摩洛哥的傳統，問了我名字後，筆尖一畫，紙張畫成八格，最頂寫了我和他的名字，規則是各自開價三次，我只能從底價向上加，他只能從底價向下減，三輪過後就以最終得出的價格成交。

遊戲開始，他便獅子開大口，兩條頭巾要我700DH，幾乎等於70歐，是把我當成傻瓜嗎？於是我還價100DH，事後還感到後悔；他面對我的開價，沒太大反應，減到600DH問我是否接受；再到我的時候，他向我說：「大方點吧！」然後，我點頭示好，於是把價錢提升到110DH。他聞之啞口無言。然後我對他說：「你大發慈悲吧！我剛剛畢業還未找到工作呢！」他笑了笑，再寫上500DH做最後一口叫價。然後到我寫上最後一口價：「130DH，不能再多了！」他皺一皺眉說：「200DH全賣給你吧！」

## ● 議價哲學

　　既然得勢，當然不饒人啦！我拒絕道：「太貴了，要不你賣，要不我走。」話畢，我看到他開始急躁，始終推銷了一段時間，也不想徒勞無功吧，於是又減到170DH。我沒有多回應，起身便作狀要走，他立刻張開雙手想要阻止。我於是說：「OK，150DH兩條成交吧？」他無奈地回答：「給我錢就是了。」我心裡不期然冷笑一聲。

　　故事未完。還有薄荷茶呢！我說有50DH的預算，他拿了一盒給我說：「兄弟，40DH就夠

了！」我也懶得還價，摸一摸口袋，原來只剩20DH，就說：「我只剩下20DH，你會賣給我嗎？」他都爽快答應了，接著就問我需要茶壺嗎……。事後得知，原來當時帶我來這家商店的辦管店老闆，能夠從我的消費中收取店家佣金，摩洛哥的舊城區都是靠這種的互相推銷，然後各自收取佣金的方式運作，不諳江湖潛規則的遊客，就容易因此成為桌上肥雞，任人大快朵頤。

步出店家，那名真實身份是推銷員的假導遊，向我指一指德吉瑪廣場的方向，便和毛氈店東主一起歡送我離開。從眼角餘光窺視到他們笑得燦爛，我就知道其實還有更大的空間去殺價；不過想深一層，在摩國購物，事物的價值，能從心出發，由個人賦予。問心無愧，真實的價格也就無須再做深究。一人讓一步，大家快樂，就是議價哲學的奧妙。

前言：「法國人問我：「遊歷過數十個國家，還會想回到生活迫人的香港嗎？」我相信生活總是相對的，一沙一世界，即使給了我一個撒哈拉，心中所歸還是在一粒沙中。」

# 在撒哈拉找回心之所歸

　　不知為何，筆者自幼就對自然地理情有獨鍾。在《國家地理》頻道看到夕陽把駱駝商隊映照出沙漠獨有的剪影，長大又讀過三毛和荷西在撒哈拉的異地奇緣，以及好奇在黃沙萬里、寸草不生的死絕之地，幾百萬的人口，和數之不盡的蛇蟲鼠蟻等沙漠生物的生命又是如何維繫？於是偷偷地把踏上這塊集浪漫、神祕又充滿生命力的大地，放進自己的遺願清單。終於在大學畢業的一年，走進了這個世界最大的沙漠。

## ● 報團易，要講價！

　　到撒哈拉旅遊，最常由北非的摩洛哥做入口。一般的沙漠團都會從兩大古城—馬拉喀什（Marrakesh）或菲斯（Fez）出發。筆者就選擇由前者做起點、後者為終站的經典路線。全程三日兩夜，其中一晚會深入沙漠大本營留宿。行程質素都無須擔心，因為都由一個大集團統一辦理，所以不論何處報名，食宿都相同。沙漠團有分兩日一夜、三日兩夜和四日三夜團，大約八至十人一車。筆者就推介三日兩夜，因為兩日一夜團只會在沙漠邊沿的酒店留宿；四日三夜團則大部分時間都待在狹小的車廂，未免太過辛苦。

報名方法非常簡單，只需要到馬拉喀什的舊城（Medina），逢十步就有代理上前招客，每天都會出團，但要記得和代理講價。三日兩夜沙漠團官方價是每人950DH（約86歐），但一般能講到只須600DH（約55歐）至750DH（約68歐）左右。筆者在「超級淡季」的7月參加，經一番唇舌功夫，最終以每人600DH成交，另加每人300DH的交通費前往菲斯。如果選擇沿途折返馬拉喀什，則無須附加任何額外交通費。須注意信用卡在摩洛哥並不常用，沙漠團也只能現金支付（即使代理說接受信用卡都是騙人，因為代理只會收三分之一的訂金，餘數都是出發日統一收取，而且只接受現金），遊客須預留充足金錢應付自費午餐、小食飲料和導遊小費。

## ● 進入泰坦之國

摩洛哥7月，酷熱難當，最高氣溫可達攝氏五十五度，防曬、食水必不可少。馬拉喀什離沙漠大本營有數百公里，要到翌日的黃昏方可抵達。三日團的行程，包括參觀數個著名的千年古城、少數民族村落以及縱橫北非最大山脈阿特拉斯山脈（Atlas Mountain）的迂迴繞道。得天獨有的山脈地貌，加上保留完整的古北非建築，就有如天然的電影場景，繪製過無數經典，如《盜墓迷城》（*The Mummy*）、《帝國驕雄》（*Gladiator*）和近年大熱劇集《權力遊戲》（*Game of Thrones*），劇中的巨人泰坦之鄉Braavos，就

在沿途古城Ouarzazate取景。完成首日行程，會留宿在山谷小城的酒店。當晚大家須為進入沙漠做最後準備，包括收拾輕便行裝，把手機和相機充足電，每人購買兩瓶大容量食水，否則進入沙漠地帶，食水價格會翻倍。

經過三日的折騰，終於到達撒哈拉沙漠的入口。摩洛哥部分的撒哈拉，沙是紅色的，豔陽底下，有如火焰谷般，等著遊人前來探索。汽車停在沙漠的邊陲村落曼蘇加（Merzouga）的旅館，將大件行李安置完，揹上早有準備的兩大瓶食水，就要進入沙漠大本營。豈料，前方等著你的卻是一生人可一不可再的歷練，還是一場「騙局」！

## ● 可一不可再

要進入大本營，不能使用普通汽車，只能靠一群樣子傲慢的單峰駱駝。牠們伏在地上一邊吃草一邊盯人的模樣極不可一世，雖然如此，牠們還是非常乖巧溫順，旅客要合照，牠們甚至懂得望向鏡頭！只是，當你騎上駝背，馴駝師拍拍駱駝屁股，牠就用力以前腳一蹬，你的重心就會頃刻向後，就要使人後翻著地時，輪動牠又後腳運勁一伸，又把你的重心推回前面，跌跌撞撞，有驚無險，終於成功取得平衡，不過未出發就飽食驚風散。

坐在身高兩米有多的沙漠之舟上，居高臨下的感覺，會使人有一刻感覺似古波斯戰士，實在令人興奮。然而，這種感覺會在旅程開始二十分鐘後消失得無影無蹤。因為你的下半身，會隨著駱駝的移動而不斷受到衝擊從而感到不適，沙漠路途顛簸，上落斜時撞擊力更大。女士騎完就頂多雙腳麻痹，屁股的括約肌隱隱作痛；至於多「一袋承擔」的男士，就只得自求多福。筆者當時眼見一個沙丘，心裡多份擔憂！就這樣維持個半小時終於到達營地，好像已經歷盡九九八十一難，落地一刻已經感覺不到雙腳，行路搖搖欲墜。

## ● 沙漠飛車

　　不要忘記，還有明天離開的一程！不過，狡猾的營長都知坐慣房車的都市人，騎完駱駝後的苦況，所以，方落駝背，他就會前來「慰問一番」：「第一次騎駱駝很辛苦嗎？明天一早還有一程啊！不習慣嗎？我可以安排越野車送你們離開呢。每人只需要100DH（約十三歐），報名要快！」我沒有多想就答應了，雖然價錢昂貴，卻是非常刺激的體驗，乘客並不是坐在車箱，而是坐上車頂，司機會刻意開往有大沙丘的路線，乘客在車頂就如坐過山車一樣，非常過癮，彷彿成了著名的公路電影《瘋狂麥斯》（*Mad Max*）的飛車黨一員，在沙漠中你追我趕，因此非常推薦。晚上，我問了一個遊牧的柏柏爾青年，怎樣騎駱駝才比較舒服，豈料，他奸笑回應：「駱駝只會用來運貨物。」所以說，騎駱駝根本就是一場騙局！摩洛哥人的確很有生意頭腦。

　　為駱駝引路的柏柏爾人，是撒哈拉沙漠的遊牧民族，全身由頭到腳均穿靛藍的頭巾和寬袍，所以又稱「Blue Men」。傳統是逐水草而居，現因各國的邊界問題，逼使遊牧民族難以再過遊牧生活。

社教化了的柏柏爾人，跟普通人一樣定居各大城市，接受高等教育，分散各行各業。有部分投身旅遊業做沙漠導遊，或者賣傳統手工地毯為生。除了柏柏爾語，不少人同時能操英、法、西、阿拉伯語等多國語言。問到我們的中年導遊，如何在沙漠認路。原以為他會老土地答「Born with a compass」（有與生俱來的指南針），豈料他回答「Born with a GPS」（有與生俱來的導航），轉個頭就拿部智能電話出來講電話。我方察覺原來沙漠的一些位置，可以接收電話訊號。懷著荒蕪落後的刻板印象到他方，先發覺自己才是無知的那位。

## ● 沙漠的迷幻夜

三毛筆下的撒哈拉，是由思念化成的沙粒組成。筆者和女友剛到達這片乾燥的思念大漠，不知是否二人出雙入對，將沙漠寄存的思念都化成怨念，從而得來血光之災，兩行鼻血像湧泉般噴出，抵著疲軟的身軀，攤軟在沙丘，用了半卷紙巾才能止血。雖然如此，能夠踏上嚮往已久的土地，心中還是禁不住一份澎湃。殘陽如血，我們爬上了一個沙丘頂，映入眼簾的是一片黃裡透紅的沙海，在萬里無雲的晴空襯托下，一個一個的小沙丘就像海浪般，形成一條彎彎曲曲的「沙平線」，壯麗的景色使人只顧盼望，欲說還休。夕陽西下，人們索性從沙丘頂順勢滑下，柔軟的沙如天然滑梯，很快就把沙漠衝浪客送回地下大本營，準備晚餐。

## ● 迷幻與浪漫

來到營地不久就開始晚餐，是傳統的摩洛哥柏柏爾人料理：前菜是餐包，然後主菜有冷盤沙拉和摩洛哥傳統米飯庫斯庫斯（Couscous），最後還有一盤燜雞煲（Chicken Tagine），味道實在不敢恭維，只是奔波過後，填飽肚就好。晚上的沙漠黑得伸手不見五指，沒有多餘的娛樂，只有人與人之間的交流。同行有幾個在卡薩布蘭卡（Casablanca）做實習的法國醫科生，飯後就和幾個柏柏爾人圍圈，捲了根大麻煙一起分享。大麻在摩洛哥雖列為禁品，但法例同歐美一樣是無牙老虎，一些山城中更有大型種植場，有聞質素雖不如阿富汗新三角一帶，但勝在價錢相宜，成為歐洲嬉皮士最愛的集中之地。

煙過三巡，談笑間灰飛煙滅。眾人在藥效後一路痴笑，一路敲打非洲鼓，既是迷幻，又是震懾人心的鼓聲，在荒蕪的撒哈拉中暢通無阻。抬頭望天，星河氾濫，這個地球上的死絕之地，卻像與其他星空接通，一點也不覺孤單。不知在大漠另一隅的浪人，或者流浪到另一維度的三毛和荷西，能否聽到此處的呼喊呢？

## • 北非諜影

筆者有幸認識了同團做軍事情報工作的法國夫婦。得悉身份後，即忍不住問他們是否「Rick and Ilsa」（電影《北非諜影》主角）。來自「紅酒之鄉」波爾多的他們，聊天時談到法國的生活質素，每年有四十多日的有薪年假和最少兩小時的午休，已教「準港奴」的筆者難以置信兼羨慕不已。想起回港後要正式投身職場，有如墮入萬劫不復之局，遊子之心也只能收歸心底。

他們亦好奇我在旅程中，何以別人問我是否「中國人」時，我卻強調「香港人」的身份，於是大家說起了中港身份認同的矛盾。不料，他們說對情況很了解，因為男方的爸爸正正來自阿爾及利亞。阿國在1962年獨立前是法國的殖民地，因此法國目前有許多阿裔人，例如前足球先生席丹（Zidane）即為其一。雖然部分阿裔法人已經認同自己是法國人的身份，但亦有一部分阿裔人聚居的社區希望獨立出來，情況一如香港、西班牙的加泰隆尼亞、巴斯克地區，以及同在撒哈拉沙漠以西的西撒哈拉，也有同樣的問題。

撒哈拉的夜空遼闊無邊，能叫得上名的星雲都能盡收眼簾，即使流星也不再稀罕，彷彿失去原本許願功能，只淪為柏柏爾人的導航系統。享受著傳統摩洛哥菜Chicken Tagine的法國人問我，遊覽過數十個國家，會否想離開生活迫人的香港？我不假思索就

答「Never」。生活總是相對，一沙一世界，即使給了我一個撒哈拉，心中所歸還是在一粒沙中。

　　摩洛哥的浪漫又豈僅止於撒哈拉，還待旅人逐處探索。

# 後記

～～～

施丹尼

　　筆者讀新聞畢業，大學時老師教得最多就是「倒金字塔法」的寫作手法，意思要把最重要的事放在最前。因此，前言部分，首先要感謝一名為了幫助這本書出版，默默地在中間協調作者和出版方的好兄弟——迪比派路，在撰寫的過程中不斷鞭策，並像美國隊長的盾牌一樣，無償地為筆者抵受了各方壓力，好讓筆者可以專心於寫作內容以饗讀者。筆者希望在此由衷地感謝他，少了他，這本書便不會誕生，祝「您」家庭幸福，生活愉快。

　　其次，更需要感謝出版方，對筆者的第一本書寄予信任和期望。雖然筆者曾有當記者的經驗，但旅遊這個範疇，還是首次涉獵。而且，和撰寫新聞稿不同的是，寫書更加講求耐力和創作力。寫作到一半時，筆者也遭遇個人惰性、靈感涸竭以及工作壓力等原因，以致頻頻脫稿，令出版人面對諸多困擾和不便。為此，筆者也希望在此表達真誠的歉意。當然，還要感謝幫我寫了序言的傑大和堅哥。

最後，少不了感謝我的旅伴兼女朋友Michelle，安排了整個行程的住宿、交通以及照顧我在旅程中的生活細節。她是港大歷史系的高材生，在旅途上和各個景點不厭其煩地為我解說歷史，帶給我一些聞所未聞的資訊和嶄新的角度，激發了我的寫作靈感，也使我對世界的認知更加立體，才能使內容的深度得以提升。真誠感謝妳，Michelle！少了妳，今次旅程更本不可能完成，更遑論出書。也希望妳從本書中，了解自己的能力，更有自信地走出校園，走入社會。人們結束旅行後總是感到頭痛：應該用什麼方式去紀念行程？我想這本書的出現，將會是紀念留念我們青春和熱血的最佳禮物。

　　這趟行程，是我的畢業旅行。畢業旅行，有如畢業生的指定動作。但這個旅行的意義在於什麼呢？每個人皆不相同。或者筆者是個比較「市儈」的人，想到花費在旅行的數目不菲，但我又能從中獲取到什麼？如何量化呢？於是思量良久，想起自己和旅伴既然各來自不同專業和工作範疇，何不把今次旅行，當作實驗，用作實踐技能，測試個人能力的渠道，所以便萌生了寫書計畫。結果，這本書就如一個放大鏡般，把自己的能力和不足都鉅細無遺地照了出來。同時，也在旅程中，從德國認識到承擔的氣度，從波蘭和羅馬尼亞了解到生存和存在之別，從希臘看到懶惰的惡果，最後在撒哈拉見到自己的渺小。旅行之意義，莫過於此。

　　旅遊書在各地都賣得成行成市，但這不是一本典型的熱賣旅遊書，以打卡、覓食或者是購物攻略做賣點，當作景點導覽的讀者或會感失望。我希望從更多方面去描述所到之地，無論是好或

壞，讓讀者出行前後，透過此書去了解目的地的性格，再去就自己感興趣的範疇，計畫行程，而並非為著景點、地標盲目奔走，使得旅行比上班更辛苦。

在書中，我亦希望透過個人心境的描寫，把旅遊的體會，連結現實，進行反思，如此一來的得著，便能化為內在。希望讀者閱讀此書時，也能從我的思緒當中獲得啟發，令到身臨其中時，能提升旅遊的浪漫和樂趣。就如雅典衛城山上，問到一大堆千年岩石有何好看時，你能想起：「試著摸摸它，想想數千年前的人類能建造如此工程，然後試試想像當時的文明程度和人類的潛能，問自己，我的潛能又可以去到哪裡呢？」

釀旅人38　PE0160

 50天，從德國玩到摩洛哥！

| 作　　　者 | 施丹尼 |
|---|---|
| 編　　　審 | 潘天惠 |
| 責任編輯 | 鄭伊庭 |
| 圖文排版 | 莊皓云 |
| 封面設計 | 楊廣榕 |

| 策劃公司 | 傑拉德有限公司／主道文化有限公司 |
|---|---|
| 出版策劃 | 釀出版 |
| 製作發行 | 秀威資訊科技股份有限公司 |
| | 114 台北市內湖區瑞光路76巷65號1樓 |
| | 電話：+886-2-2796-3638　傳真：+886-2-2796-1377 |
| | 服務信箱：service@showwe.com.tw |
| | http://www.showwe.com.tw |
| 郵政劃撥 | 19563868　戶名：秀威資訊科技股份有限公司 |
| 展售門市 | 國家書店【松江門市】 |
| | 104 台北市中山區松江路209號1樓 |
| | 電話：+886-2-2518-0207　傳真：+886-2-2518-0778 |
| 網路訂購 | 秀威網路書店：https://store.showwe.tw |
| | 國家網路書店：https://www.govbooks.com.tw |
| 法律顧問 | 毛國樑　律師 |
| 總 經 銷 | 聯合發行股份有限公司 |
| | 231新北市新店區寶橋路235巷6弄6號4F |
| | 電話：+886-2-2917-8022　傳真：+886-2-2915-6275 |

| 出版日期 | 2018年10月　BOD一版 |
|---|---|
| 定　　　價 | 380元 |

**Printed in Taiwan**

## 國家圖書館出版品預行編目

50天,從德國玩到摩洛哥! / 施丹尼著. -- 一版. -- 臺北
市 : 釀出版, 2018.10
　　面；　公分. -- (釀旅人)
　BOD版
　ISBN 978-986-445-288-0(平裝)

　1. 旅遊　2. 歐洲

740.9　　　　　　　　　　　　　　107017160

# 讀者回函卡

感謝您購買本書，為提升服務品質，請填妥以下資料，將讀者回函卡直接寄回或傳真本公司，收到您的寶貴意見後，我們會收藏記錄及檢討，謝謝！
如您需要了解本公司最新出版書目、購書優惠或企劃活動，歡迎您上網查詢或下載相關資料：http:// www.showwe.com.tw

您購買的書名：＿＿＿＿＿＿＿＿＿＿＿＿＿＿＿＿＿＿＿＿＿＿＿＿

出生日期：＿＿＿＿年＿＿＿＿月＿＿＿＿日

學歷：□高中 (含) 以下　　□大專　　□研究所 (含) 以上

職業：□製造業　□金融業　□資訊業　□軍警　□傳播業　□自由業
　　　□服務業　□公務員　□教職　　□學生　□家管　　□其它＿＿＿＿

購書地點：□網路書店　□實體書店　□書展　□郵購　□贈閱　□其他

您從何得知本書的消息？

　　□網路書店　　□實體書店　　□網路搜尋　□電子報　□書訊　□雜誌

　　□傳播媒體　□親友推薦　□網站推薦　□部落格　□其他＿＿＿＿＿＿

您對本書的評價：（請填代號　1.非常滿意　2.滿意　3.尚可　4.再改進）

　　封面設計＿＿＿　版面編排＿＿＿　內容＿＿＿　文／譯筆＿＿＿　價格＿＿＿

讀完書後您覺得：

　　□很有收穫　□有收穫　□收穫不多　□沒收穫


對我們的建議：＿＿＿＿＿＿＿＿＿＿＿＿＿＿＿＿＿＿＿＿＿＿＿＿

＿＿＿＿＿＿＿＿＿＿＿＿＿＿＿＿＿＿＿＿＿＿＿＿＿＿＿＿＿＿＿＿＿＿

＿＿＿＿＿＿＿＿＿＿＿＿＿＿＿＿＿＿＿＿＿＿＿＿＿＿＿＿＿＿＿＿＿＿

＿＿＿＿＿＿＿＿＿＿＿＿＿＿＿＿＿＿＿＿＿＿＿＿＿＿＿＿＿＿＿＿＿＿

11466
台北市內湖區瑞光路 76 巷 65 號 1 樓
**秀威資訊科技股份有限公司**　　收
BOD 數位出版事業部

．．．．．．．．．．．．．．．．．．．．．．．．．．．．．．．．．．．．．．．．．．．．．．．．．．．．．．．．．．．．．．．．．．．．．．．．．．．

（請沿線對折寄回，謝謝！）

姓　　名：＿＿＿＿＿＿＿＿＿　年齡：＿＿＿＿　性別：□女　□男

郵遞區號：□□□□□

地　　址：＿＿＿＿＿＿＿＿＿＿＿＿＿＿＿＿＿＿＿＿＿

聯絡電話：(日) ＿＿＿＿＿＿＿＿＿＿　(夜) ＿＿＿＿＿＿＿＿＿＿

E - m a i l：＿＿＿＿＿＿＿＿＿＿＿＿＿＿＿＿＿＿＿＿＿